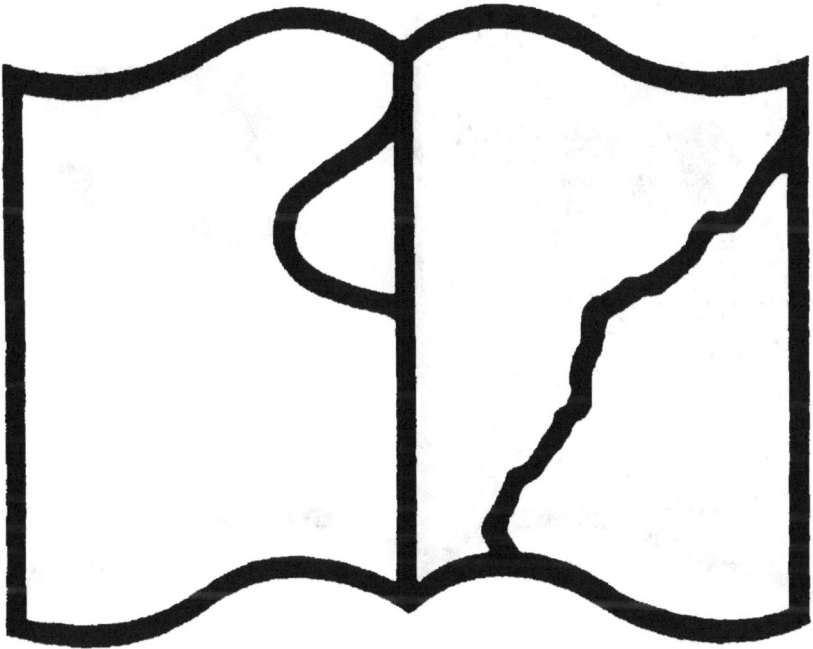

Texte détérioré — reliure défectueuse

NF Z 43-120-11

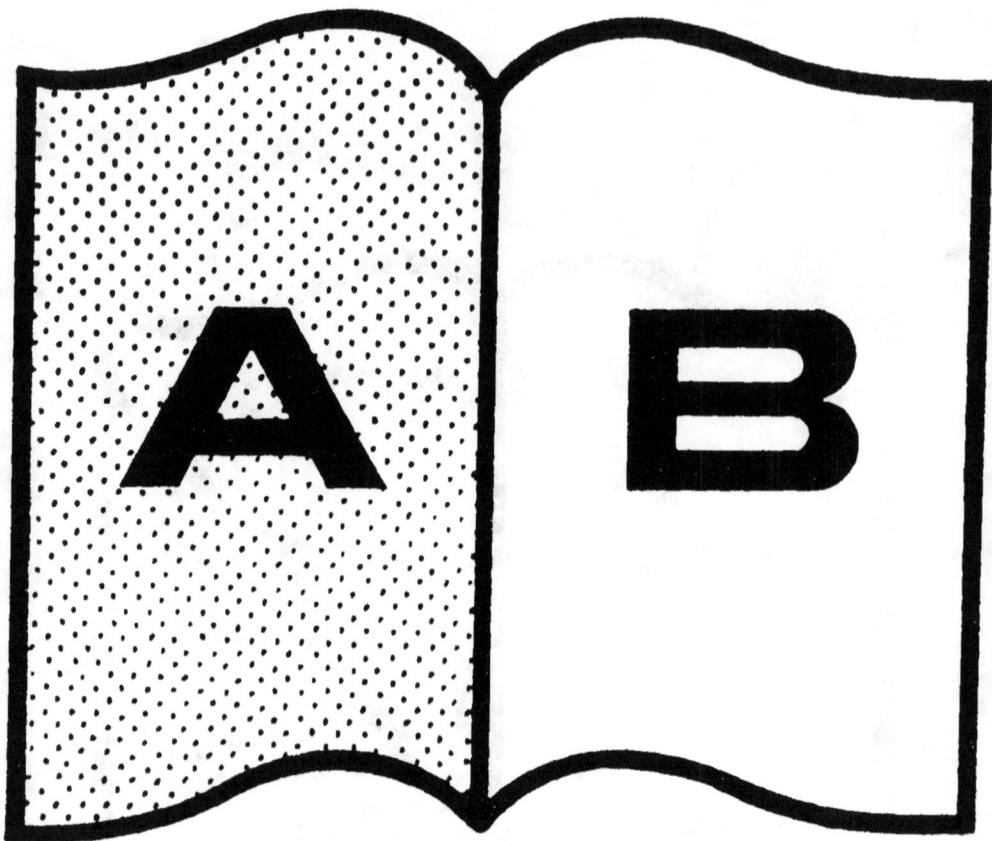

Contraste insuffisant

NF Z 43-120-14

Capitaine MOLLIN

La Vérité

MINISTÈRE
DE LA GUERRE

RÉPUBLIQUE FRANÇAISE.

sur

Cabinet
du Ministre

Paris, le 28 avril 1904

L'Affaire

Mon Cher Ami,

des

... une liste d'officiers pour ...

FICHES

aimable d'en demander de nouveaux.

Merci et bien affectueusement à vous

1ᵉʳ Mille.

PARIS

LIBRAIRIE UNIVERSELLE

33, Rue de Provence

LA VÉRITÉ

SUR

L'AFFAIRE

DES

FICHES

Phot. Pierre Petit.

LE CAPITAINE MOLLIN

CAPITAINE MOLLIN

✦ ✦ ✦

La Vérité

sur

l'Affaire

des

FICHES

LIBRAIRIE UNIVERSELLE
33, RUE DE PROVENCE, 33, PARIS

Quelques mots

Qu'on n'attende pas de moi, au seuil de ce livre, de longues tirades vertueuses sur le système des fiches de renseignements, mis en usage, au ministère de la guerre, par le général André et le général Percin.

Aussi bien le capitaine Mollin, lui, n'a été qu'un instrument; il n'a fait qu'accomplir un service commandé. Et il importe peu qu'il ait approuvé on non la besogne qu'on lui a fait faire. Son sentiment, je n'ai même pas voulu le connaître. Et quand l'ancien officier d'or-

donnance du général André est venu à moi,
je n'ai vu en lui que la victime, le bouc émis-
saire sacrifié, odieusement lâché par ceux-là
mêmes qui auraient dû le couvrir.

Car les gouvernants, incapables de résister à
l'opinion, affolés d'ambition et de peur, désespérément accrochés au maroquin ministériel,
se prêtèrent contre l'officier — qui avait seulement exécuté une consigne — aux plus
répugnantes besognes.

*
* *

Quel bel exemple de courage !... Aux pre-
mières révélations, eux qui connaissaient la
vérité, se tournent du côté de leur subordonné,
l'insultent, l'abreuvent d'outrages, le désa-
vouent hautement devant le pays. Il n'a pas
suffi de lui arracher son grade. Il est flétri, —

et livré aux bêtes... Et ils essaient ainsi de continuer à vivre sur une équivoque. Ah! les pauvres gens! Ah! la mauvaise action dont ils ont sali l'agonie de leur vie ministérielle!

*
* *

Mais c'est en vain qu'à chaque nouvelle séance de la Chambre, ils s'acharnent sur leur victime; en vain qu'éclate leur violence haineuse, effrénée et sans scrupule. On ne vit pas sur une équivoque.

Ils tombèrent...

Et cependant qu'ils noyaient Mollin et l'enfonçaient davantage dans l'abîme de honte — comme des naufrageurs, à coups de rame sur la tête, empêchent les gens qu'ils ont jetés à l'eau de reparaître à la surface — ils lui envoyaient des émissaires, des hommes notoires, pour lui

promettre, s'il se taisait, de belles compensa-
tions...

Pourtant, devant l'inutilité de son sacrifice, le capitaine Mollin a tenu à dire toute
la vérité au pays. On a parlé de l'intérêt de la
République — comme si la République, c'était
ces gens-là!... Est-ce que, justement, cet
intérêt n'est pas de tout étaler au grand jour,
même les plaies secrètes dont la nation et le
régime pourraient mourir, — si elles demeu-
raient cachées?...

*
* *

Mollin a parlé. Il les a mis debout sous la
pleine lumière, tels qu'ils sont. Et leur âme,
percée à jour, est apparue égoïste, basse. C'est
un commencement de revanche pour la conscience publique.

Et si Mollin a parlé, ce n'est que pour rétablir la vérité. Son désintéressement a été absolu. Et son geste a été seulement un geste de protestation, — et de défense.

Il s'est défendu. Entre lui et eux, le pays jugera...

JACQUES DHUR.

La Vérité

sur l'Affaire des Fiches

Pourquoi je parle

A la suite de la séance du 17 novembre dernier, au cours de laquelle M. le Président du Conseil revenant pour la deuxième fois sur le rôle qu'il semblait me supposer dans l'affaire des fiches, prononça la phrase suivante :

Parce qu'un officier d'ordonnance a inventé, a imaginé un système de renseignements détestable, faut-il en faire rejaillir la responsa-

1

*bilité sur ceux qu'il a trompés involontaire-
ment ?*

j'avais, le lendemain 18, demandé à comparaître devant un conseil d'enquête pour rétablir la vérité.

Ma demande fut remise au ministre ce
même jour, à quatre heures dix de l'après-
midi.

Le lendemain 19, à onze heures du soir, un
courrier direct du Ministère m'informait que
ma démission était acceptée.

N'étant plus officier, je ne pouvais plus
comparaître devant un conseil d'enquête et
me trouvais par suite dans l'impossibilité de
me disculper.

Je fus littéralement atterré par ce coup,
car, surtout après la démission du général
André, j'avais fermement espéré que le Gouvernement me rendrait la mienne, qui n'avait
plus de raison d'être du moment qu'elle

n'avait pas pu empêcher le départ du Ministre.

A ma douleur de voir ma carrière brisée injustement et sans nécessité, de nouveaux chagrins étant venus s'ajouter, mon abattement et mon dégoût furent tels que je sentis sombrer toute mon énergie.

Les fortes paroles de quelques protecteurs et amis politiques m'ont aidé à retrouver peu à peu tout mon courage.

En face de l'injustice, de la lâcheté et de la fourberie humaines dont je suis la victime, je me sens aujourd'hui prêt à la lutte.

Cependant, cédant aux sollicitations venues de haut, je n'aurais point parlé ou tout au moins j'aurais renvoyé à plus tard ma justification publique : mon dévouement au Gouvernement « de défense républicaine » était assez grand pour que je consentisse à ce nouveau sacrifice. Mais bientôt, — à la date du 7 janvier 1905, — paraissait dans un journal du matin, cette lettre du **général An-dré** :

« Ainsi que je l'ai dit à la Chambre des dé-
« putés, lors de l'interpellation du 4 novem-
« bre dernier, j'ai autorisé le capitaine Mol-
« lin à demander et à recevoir des renseigne-
« ments du Grand-Orient, ainsi que des au-
« tres ligues de gauche.

« J'ai eu le tort de m'en rapporter absolu-
« ment à cet officier pour la correspondance
« à échanger à ce sujet, et de ne pas exiger
« de lui qu'il me soumît toutes ses lettres.

« Comme je l'ai également dit, j'ai blâmé
« et je blâme les lettres dont l'existence ne
« m'a été révélée que par leur production à
« la tribune. J'ai ignoré les détails des cor-
« respondances qu'ont entraînées ces lettres,
« et, en particulier, je puis affirmer que je
« me serais absolument opposé à ce que des
« renseignements sur des officiers fussent
« demandés à d'autres officiers.

« Quant au compte que j'ai pu tenir des

« renseignements, qui ne sont d'ailleurs par-
« venus à ma connaissance personnelle qu'en
« nombre très minime, on s'en fera facile-
« ment une idée en comparant les fiches, qui
« sont journellement publiées, aux tableaux
« d'avancement et aux promotions que j'ai
« fait signer pendant la durée de mon minis-
« tère. On y verra que je n'ai été influencé,
« à aucune époque, par des considérations
« confessionnelles.

« C'est la faute commise par moi, et que
« j'ai signalée plus haut, qui a contribué à
« me faire donner ma démission. Que ceux
« qui entendent me juger, sans savoir, se
« donnent la peine de consulter les dossiers,
« et on reconnaîtra que c'est à juste titre que
« j'ai pu écrire au président du Conseil, dans
« ma lettre de démission, que je restais fier
« de mon œuvre.

« Recevez..., etc. »

« GÉNÉRAL L. ANDRÉ. »

Cette lettre était suivie de ces communications, sous forme d'interview :

« Le général André, en autorisant le capi-
« taine Mollin à demander des renseigne-
« ments, n'avait pas visé spécialement la
« franc-maçonnerie comme source d'infor-
« mations. Il ne l'avait pas davantage exclue.
« Il l'avait confondue dans l'ensemble des
« Ligues républicaines ». En outre, il n'a eu
« sous les yeux qu'un nombre *très minime*
« *de fiches*. Nous croyons savoir, en effet,
« que le nombre des documents communi-
« qués au ministre n'a pas dépassé *trente ou*
« *quarante*. Nous devons ajouter que ces do-
« cuments ne lui ont *jamais* été remis en
« originaux, mais seulement à l'état de co-
« pies exécutées à la machine à écrire, sans
« indication de provenance et sans signa-
« ture, de telle sorte que la source lui en
« était totalement inconnue. »

Le Ministre de la Guerre tendait donc à accréditer l'erreur que j'aurais agi en dehors de mes chefs qui n'auraient connu qu'imparfaitement ce qui se passait, puisque d'après l'interview le nombre des documents communiqués au Ministre n'aurait pas dépassé trente ou quarante ! !

Pourtant, il serait possible d'établir, matériellement, que pour le travail, seul, d'avancement de 1903-1904, le général André, avait dû, indéniablement, avoir sous les yeux le résumé de plus de trois mille fiches, provenant tant du Grand-Orient de France ou des préfectures, que recueillies directement par lui ou son chef de cabinet militaire, le général Percin.

Et puis, mon silence prolongé, serait peut-être aussi nuisible à la cause républicaine qu'à la mienne !...

Je vais donc faire connaître la vérité sur les fiches du Ministère.

Au préalable, je préviens tous ceux que cette vérité pourrait gêner, et notamment les militaires, que tout ce que je vais dire sera ou pourra être étayé sur des documents ou des témoignages irréfutables.

* *
*

Une expérience de dix-huit ans et demi de services dans l'armée, m'ayant amené à la conviction attristante que les militaires... altèrent la vérité avec une facilité d'autant plus grande qu'ils se rapprochent davantage des sommets de la hiérarchie, je leur conseille charitablement d'être prudents, car leurs dénégations m'obligeraient à les convaincre publiquement de mensonge.

I

Etat d'esprit de l'armée avant l'arrivée du général André au pouvoir.

Dès l'époque où le Général André commandait la 10ᵉ division d'infanterie à Orléans et à Paris, il était signalé comme devant être le futur Ministre de la Guerre.

Le procès de Rennes avait eu lieu et l'armée, fortement travaillée par des menées souterraines, était prête à un coup de force. Mon régiment était alors à Orléans. Je n'oublierai jamais le ton et la signification des paroles qu'un Général prononça devant tous

les officiers et sous-officiers réunis pour la
fête du drapeau. D'un moment à l'autre on
s'attendait à recevoir l'ordre de partir pour
Paris. Ecœuré et lassé des propos odieux
qui se tenaient à table, je quittai la pension
de mes camarades pour aller manger seul à
l'hôtel d'Orléans où, de temps à autre, quelques officiers qui pensaient comme moi, mais
n'osaient pas l'avouer devant la meute dé-
chaînée, venaient, en se dissimulant, me tenir compagnie.

Et pourtant je crois pouvoir dire que
j'étais un bon officier. Nommé sous-lieute-
nant dans les premiers de ma promotion,
j'avais eu la chance d'avoir tout d'abord pour
chef de corps un vrai soldat républicain, fils
du peuple et fils de ses œuvres, bienveillant,
juste et ferme, pénétré du sentiment du devoir et sachant l'encourager chez ses subordonnés. Il m'avait apprécié et noté de la façon la plus élogieuse.

Le républicanisme de mon colonel n'avait sans doute pas été considéré comme un titre pour son avancement; car lui qui avait conservé une vigueur physique et intellectuelle tout à fait rare partit en retraite sans avoir obtenu les étoiles de général qu'il méritait cent fois et que tant d'incapables voient briller sur leurs manches.

Il fut remplacé par un aristocrate libéral qui me continua la confiance du premier et me désignait pour remplir auprès de lui les fonctions d'officier d'ordonnance pendant les manœuvres.

Nous eûmes la douleur de le perdre en activité de service et ce malheur nous valut celui bien plus grand de recevoir pour chef un homme qui, par sa faiblesse de caractère, ses sentiments cléricaux et réactionnaires exagérés, allait plonger le régiment dans une atmosphère d'antidreyfusisme et d'antilibéralisme absolument irrespirable où la raison et le simple bon sens n'auraient plus le droit de se faire entendre.

A côté de ces sentiments violents de cléricalisme et de réaction, le snobisme et la vanité des titres nobiliaires fleurissaient et complétaient l'harmonie de cette société où la bêtise le disputait à la méchanceté.

C'est ainsi que cet homme à qui le Gouvernement avait confié le commandement d'un régiment, en vint à croire que pour la bonne considération de ses supérieurs et des gens de son monde, bien qu'il fût cependant le descendant du traducteur de Plutarque, il était indispensable de donner à son nom une allure plus aristocratique, et obtint de la troisième République l'autorisation d'ajouter avec particule à son gentilice le nom d'une propriété qu'il possédait en Normandie.

Ces divers sentiments n'étaient d'ailleurs pas particuliers à mon régiment mais étaient bien ceux de toute la garnison.

Le mess des officiers d'artillerie était entièrement tapissé des affiches du musée des horreurs et Reinach y était notamment représenté sous les formes les plus diverses quoique les moins avantageuses pour son esthétique physique et morale.

Les quelques faits suivants suffiront du reste à donner une idée de la violence des sentiments qui régnaient à ce moment dans la garnison d'Orléans :

Des troupes rentrant des grandes manœuvres et rejoignant leurs garnisons étaient de passage et cantonnaient dans la ville; le soir il y eut, au cercle militaire, réception des officiers étrangers par ceux de la garnison; j'étais à une table du petit salon quand tout à coup de frénétiques applaudissements et des bravos stridents éclatèrent dans la grande salle; ayant suivi le flot qui s'y porta, je vis plusieurs officiers qui, au milieu de la pièce, brûlaient le journal Le Temps cepen-

dant que, sur les faces des généraux et des
colonels se dessinait un sourire approbateur
et lâche. Ainsi, même le journal *Le Temps*
était offert en holocauste à la haine antidrey-
fusarde.

*
* *

Une autre fois, j'étais assis dans l'embrasure d'une fenêtre de la petite salle de lecture du cercle et lisais une revue. Le jour
tombait. L'embrasure étant très profonde
j'étais presque complètement dissimulé derrière les rideaux.

Le capitaine d'artillerie P... entra suivi de
son lieutenant. Il s'assit ou plutôt se laissa
tomber sur une chaise et, les coudes appuyés
sur la table, il prit sa tête entre ses mains et
sanglota.

De temps à autre il levait vers son lieutenant une figure suppliante, lui demandant une parole de consolation. S'élevant avec force contre l'insolence d'un officier, il avait, quelques jours auparavant, courageusement relevé les propos que ce galonné bien pensant tenait sur les Juifs. Un envoi de témoins avait eu lieu et ceux-ci avaient déclaré que l'affaire ne comportait pas de suite. C'était ce que désirait la camarilla.

A peine, en effet, cette décision était-elle prise que, furtive et rapide, s'insinuait et se répandait dans toute la garnison, la calomnie que le capitaine P..., ne voulant pas se battre, avait donné à ses témoins la mission d'arranger à tout prix cette affaire.

Comment ! ce sale juif avait eu l'audace de relever courageusement des propos outrageants pour sa race ! On décida de le déshonorer.

Hélas ! que ces temps paraissent aujourd'hui lointains ! M. Reinach !...

J'eus l'intention de me précipiter vers lui
pour l'embrasser et lui crier que c'était une
calomnie infâme quand l'attitude du lieutenant me glaça.

Je me trompai peut-être, mais j'eus l'in-
tuition horrible qu'il trahissait celui qui lui
avait confié son honneur. Ils partirent tous
deux.

Depuis, des jours réparateurs ont brillé
pour lui et il a été en partie vengé de ses
souffrances passées.

Que, plus heureux que moi, il n'ait plus à
pâtir de l'injustice humaine à laquelle il a
payé, lui aussi, un large tribut; qu'il ob-
tienne l'avancement auquel lui donnent droit
son mérite et son savoir et qu'il devienne
l'un de nos grands chefs militaires : la République pourra compter sur lui.

Phot. Pirou.

Le Général ANDRÉ

Ministre de la Guerre, 1900-1904

2*

La liste serait longue des faits que je pourrais citer, auxquels j'ai personnellement été mêlé.

Je m'arrêterai à celui-ci.

C'était quelque temps avant le procès de Rennes. Je n'avais pas encore abandonné la table commune.

J'essayais de faire comprendre à mes commensaux que l'honneur de l'armée n'avait rien à faire avec celui d'Estherazy et que, même en admettant que Dreyfus fût coupable, nous devions tous désirer la revision de son procès puisqu'il était entaché d'un grave vice de forme.

Tout à coup l'un d'eux se leva et avec force jeta cette phrase criminelle :

« Eh bien ! moi, si j'étais juge au Conseil « de guerre de Rennes, je me boucherais

« les oreilles pendant toute la durée des dé-
« bats et, le moment du vote venu, je con-
« damnerais. »

Un tel blasphème aurait tout au moins dû
provoquer une réprobation unanime. Il ren-
contra au contraire chez ces forcenés une
approbation enthousiaste et qui réunit presque tous les suffrages.

Je compris ce jour-là toute l'étendue du
mal.

L'attitude d'un grand nombre de mes camarades devint d'ailleurs telle, que ma pré-
sence parmi eux occasionnait de la gêne à
ceux qui m'avaient conservé toute leur affection, mais qui, terrorisés par les violents de
la majorité, n'avaient pas toujours le courage nécessaire pour rester dans une neutra-
lité compromettante.

Je quittai la pension commune pour aller
prendre seul mes repas à l'hôtel d'Orléans

et mon colonel se garda bien de me demander pourquoi je ne vivais plus à la même table que mes camarades.

Tel était l'état d'esprit de mon régiment, de ma garnison et aussi de l'armée tout entière. Car les mêmes actes se sont reproduits partout et il n'y a pas un seul officier républicain ou seulement partisan de la revision qui, alors, n'ait souffert violemment pour ses opinions.

Dans la séance du quatre novembre dernier, le général André cita un certain nombre de faits. Bien que le choix en fût plus ou moins judicieux, ils impressionnèrent assez fortement les députés républicains. Mais c'est par centaines qu'on pourrait les énumérer car, je le répète, dans tous les régiments et dans toutes les garnisons l'état d'esprit était le même.

Et cet état d'esprit n'était point le résultat d'un incident fortuit.

Ce serait, en effet, une grave erreur de croire que c'est l'affaire Dreyfus qui l'avait engendré. Elle n'en était au contraire que la conséquence et l'aboutissement.

* *

Tenue complètement en dehors de toute action et de tout contrôle républicains, l'armée était devenue la citadelle de toutes les forces de réaction, et Gambetta en nommant chef d'Etat-major de Miribel, acheva de séparer l'armée et la République et commit la plus grave faute qu'on puisse lui reprocher.

Avec de Miribel d'abord, puis davantage avec son successeur de Boisdeffre, l'esprit jésuitique s'infiltra dans les bureaux de l'Etat-Major du Ministère et de là étendit sa domination sur toutes les directions de l'Administration centrale et sur toute l'armée.

Ceux qui ont occupé un emploi au Ministère à cette époque, se souviennent parfaitement qu'on y disait couramment :

« Il ne faut plus de juifs ici ».

Dans les divers Etats-Majors de province
et dans les corps de troupe, l'esprit était le
même, et bientôt la formule des jésuites, se
complétant, allait devenir :

« Ni juifs ni francs-maçons ».

Ce qui voulait dire ni juifs, ni républicains,
car, bien entendu, pour tout bon jésuite,
franc-maçon et républicain sont la même
entité. J'ose du reste espérer que peu de vrais
républicains se sont jamais sentis froissés
de cette confusion voulue.

Tel était donc l'état d'esprit de l'armée.

Les quelques mesures prises par le général de Gallifet ne le modifièrent pas.

Il était urgent d'avoir un ministre vraiment
républicain qui oserait prendre des mesures
énergiques.

Le général André qui depuis longtemps
était connu par ses sentiments politiques reçut, avec le portefeuille de la Guerre, la déli-
cate et difficile mission de républicaniser
l'armée.

II

Premières réformes du général André : Suppression des commissions de classement. — Le Ministre établira lui-même les tableaux d'avancement.

Pour la clarté de ce qui va suivre quelques explications préliminaires sont nécessaires.

Dans une hiérarchie militaire à peu près scientifiquement organisée, le nombre des gradés qui constituent les sommets de la hiérarchie est forcément très inférieur au nombre des gradés qui se trouvent à la base.

C'est ainsi que, d'après la loi des cadres actuellement en vigueur, l'armée active ne comprend que 330 généraux tandis que le nombre des sous-lieutenants s'élève à plusieurs milliers.

Coûte que coûte, il faudra donc que beaucoup de ceux-ci restent en route dans cette course qui va du galon unique aux étoiles et s'arrêtent dans les grades intermédiaires où la retraite les atteindra. Comment désigner ceux qui arriveront colonels et généraux? Plusieurs systèmes le permettent, mais principalement deux d'entr'eux sont en usage : l'ancienneté par sélection et le choix.

Dans l'ancienneté par sélection que les Allemands ont pratiquée presque uniquement jusque vers 1880, les officiers, dans chaque grade, sont placés par rang d'ancienneté de service et, pour combler les vacances qui se produisent dans le grade supérieur, on suit cet ordre d'ancienneté en franchissant toutefois ceux qui sont jugés incapables. L'officier ainsi franchi se retire.

Ce système est le meilleur ou plutôt c'est le moins imparfait, parce qu'il réduit au minimum le nombre des injustices. Mis dans l'obligation de prononcer d'une façon définitive l'incapacité d'un officier et par voie de conséquence de le forcer à quitter l'armée, les supérieurs y regarderont à deux fois et, autant que l'imperfection de la machine humaine permet de faire fond sur elle, on peut dire que la décision qu'ils prendront sera judicieuse. Théoriquement, ce système doit donc conduire à n'avoir en haut que des hommes d'une supériorité intellectuelle et morale certaine en même temps que, par le franchissement et par la radiation qui s'ensuit, l'armée s'épure constamment des incapacités reconnues. C'est grâce à lui, à sa bonne application, que les Allemands forgèrent le corps d'officiers admirable qui nous

battit en 1870. Depuis, ils ont eu des tendances à s'en écarter, sous le prétexte de
rajeunir les cadres, prétexte qui, en réalité,
n'a pas d'autre but que de faciliter l'accès
du favoritisme.

En France, nous avons le système du
choix.

C'est celui qui fut adopté par le Gouvernement de la Restauration pour lui permettre
de favoriser à volonté les officiers royalistes
au détriment des officiers libéraux.

Le Gouvernement de la République l'a accepté comme il a accepté toutes les formules
et tous les cadres dans lesquels se mouvaient
les régimes passés. Quelqu'un n'a-t-il pas
dit avec beaucoup de justesse que demain,
pour régner en France, la monarchie ou l'empire n'aurait qu'à modifier les en-têtes of-
ficielles des décrets et à gratter le plâtre
sur lequel on a, en lettres légères, tracé la
devise républicaine, et qui, sur nos monu-

ments publics, recouvre les plaques de métal ou les blocs de granit où sont fortement marquées les armes et inscriptions des gouvernements monarchiques.

En ce qui concerne l'armée, notamment, on peut affirmer que la République a eu l'heur il y a quelques années, d'en posséder une comme jamais monarque français n'en eut à sa disposition de plus imbue de sentiments réactionnaires et de plus attachée aux principes essentiels qui constituent la base d'un gouvernement monarchique.

Cela est un fait.

Les causes en sont diverses.

L'une des principales de ces causes a été le système d'avancement et surtout l'application qui en a été faite.

Le choix consiste à désigner arbitrairement, dans chaque grade, les officiers que l'on juge les plus méritants, les plus dignes et les plus capables, et à les inscrire sur un

tableau d'avancement où le Ministre puisera
pour combler les vacances du grade supérieur.

* * *

La différence avec le système de l'ancienneté par sélection est considérable.

Tandis, en effet, que par celui-ci on éli-
mine seulement les incapables, par le choix,
on s'arroge le droit surhumain de décider,
d'affirmer, que tel candidat est supérieur à
20, 60, 150 autres candidats.

Appliqué par des dieux ce système produi-
rait des résultats parfaits, mais les dieux
sont morts et pour voir ce qu'il donne quand
il est appliqué par des hommes il suffit de
considérer dans leur ensemble les hauts cadres de notre armée. Qui oserait soutenir
que nos généraux et nos colonels représen-

tent véritablement **le rendement** d'une sélection intellectuelle de notre corps d'officiers? Pour l'admettre il faudrait accorder à celui-ci une valeur moyenne bien médiocre.

C'est qu'en effet, il est tout d'abord impossible, faute d'éléments d'appréciation suffisants, de différencier entre eux des candidats ayant souvent des valeurs équivalentes ou si approchantes que les dissemblances échappent à nos imparfaites investigations. C'est, ensuite, qu'en confiant à des hommes dont la responsabilité n'est même pas engagée par leurs actes, le soin d'exercer des choix dans l'intérêt général, vous leur donnez la faculté dont ils useront, soyez-en sûr, de prononcer ces choix, non pas toujours en faveur de l'intérêt général qui est une chose vague et indéterminée, mais bien plus souvent en faveur de leur propre intérêt ou de celui du candidat qui sont des choses nettes, tangibles, palpables.

Avec l'ancienneté par sélection il n'est pas très difficile de juger que tel officier est incapable de remplir les fonctions du grade au-dessus et avec un peu de conscience on peut presque toujours éviter de commettre une erreur. Mais avec le système du choix on est fatalement conduit à en commettre parce que, pour les raisons données plus haut, le choix ne peut être que l'arbitraire, le choix ne peut être que la faveur, le choix ne peut être que l'injustice.

D'essence monarchique, il aurait dû être rejeté par la République, et l'ancienneté par sélection aurait dû lui être substituée.

Ce système est donc mauvais en principe, mais il l'est encore plus ou moins selon la méthode d'emploi.

Quand le général André fut nommé Ministre de la Guerre, c'étaient des commissions de généraux dites de classement, qui étaient chargées de l'établissement des tableaux d'avancement.

Ces commissions avaient été instituées par M. de Freycinet toujours empressé à se débarrasser des responsabilités du pouvoir.

Elles avaient marqué le triomphe définitif de l'esprit de caste et de l'esprit jésuitique dans l'armée.

Désormais, en matière d'avancement, le Ministre ayant abdiqué ses droits entre les mains des généraux, se réserva simplement celui, bien illusoire, d'apposer sa signature au bas des tableaux dressés par les commissions.

Ce fut l'époque idéale pour la caste et pour le père Dulac qui, par l'intermédiaire d'un chef d'Etat-Major général tout-puissant et toujours prêt à acquiescer à ses moindres désirs, exerça une véritable dictature sur ces commissions qui se réunissaient à Paris.

L'armée était devenue un fief dont les généraux étaient les vassaux et le père Dulac le suzerain. Ils s'en partagèrent les revenus et leur entente fut toujours parfaite.

Les fils, neveux, parents ou amis des généraux, ainsi que les anciens élèves des bons pères, presque uniquement, obtinrent de l'avancement.

Quand ceux-là étaient servis on donnait aux autres ce qui restait, mais ce n'était presque rien. Et encore fallait-il qu'ils eussent bien soin de ne pas choisir des protecteurs parmi les républicains, ç'aurait été le comble de la maladresse.

Un tel système et une telle méthode d'application donnèrent en quelques années des résultats merveilleux, mais pas dans le sens républicain, et l'affaire Dreyfus marqua le complet épanouissement du monstrueux état de choses ainsi créé.

Cependant, bien que l'armée presque

Phot. Pierre Petit.

Le Général PERCIN

Chef de Cabinet du Général André.

tout entière fût asservie à la caste et aux
jésuites, les commissions de classement,
pour servir d'une façon aussi intense les
intérêts particuliers de ces deux groupes,
commirent des passe-droit si nombreux, si
criants et parfois tellement cyniques, qu'elles
étaient tombées dans le discrédit le plus
complet auprès de la masse qui, n'ayant
rien à attendre d'elles, les accablait de son
parfait mépris.

Aussi, et bien que le général André ne fût
pas populaire dans l'Armée (d'ailleurs un
vrai Ministre ne doit pas l'être), la suppression des commissions de classement, qu'il
prononça quelque temps après son arrivée
au pouvoir, fut-elle accueillie partout avec
soulagement et même avec joie.

Désormais, non seulement le Ministre ar-
rêtera les tableaux (ce qui était un simple
droit de signer), mais il les établira lui-
même: réforme profonde qui allait permet-

tre de réagir contre les résultats néfastes des commissions de classement.

Chez les grands chefs ce fut de la stupéfaction.

Se sentant dépossédés, ils esquissèrent des gestes de révolte, mais le général André tint bon et le Parlement de cette époque, encore sous le souvenir des dangers courus pendant l'affaire Dreyfus, l'appuya.

Le père Dulac se tapit et attendit. Il vient d'avoir en partie sa revanche.

III

Fonctionnement du nouveau système d'avancement. Nécessité pour le Ministre de s'assurer de la correction politique des candidats.

Les nouvelles instructions sur l'avancement prescrivaient que dans chaque arme, dans chaque grade et dans chaque corps d'armée, les officiers réunissant les conditions d'ancienneté requises pour pouvoir être proposés pour l'avancement seraient portés, d'après l'ordre d'ancienneté, sur un état qui prit le nom d'état D et sur lequel seraient indiqués, successivement, les numéros de préférence que les divers chef hiérarchiques leur donneraient, depuis le chef de corps jusqu'au commandant de corps d'armée et même, pour les hauts grades, jusqu'à l'inspecteur d'armée.

Ces numéros de préférence étaient indiqués à l'aide d'une fraction ordinaire dont le numérateur représentait le numéro de préférence du chef et le dénominateur le nombre d'officiers proposables dans le groupe. L'état D contenait en outre un certain nombre d'autres indications d'ordre purement militaire.

Quand les états D des corps d'armée arrivaient au cabinet du Ministre on procédait à l'opération du fusionnement qui consistait à substituer aux états D la liste de classement résultant des numéros de préférence mentionnés sur ces états.

Cela se faisait sans difficulté, il suffisait d'appliquer à chaque cas la même formule et la résoudre. La démonstration serait ici sans intérêt.

On obtenait ainsi la liste de classement telle qu'elle résultait des numéros de préférence donnés aux officiers par les différents échelons hiérarchiques.

Cette liste de préférence prenait le nom d'état K.

Supposons les états K établis et remis au Ministre sans plus.

Il s'agit pour lui, maintenant, d'établir les tableaux d'avancement.

Ayant, d'après le nombre des inscriptions à faire au tableau et l'effectif des corps d'armée, calculé approximativement celles qu'il accordera à chaque corps, va-t-il considérer son devoir républicain accompli s'il se borne à prendre sur chaque état K, et jusqu'à concurrence des besoins, les officiers

classés en tête ? S'il agit ainsi, il n'y aura
rien de changé avec ce qui se passait à l'époque des commissions de classement.

Ce seront toujours les grands chefs qui,
en réalité, feront les tableaux d'avancement,
et comme par le passé le pouvoir du Ministre se bornera à sanctionner par sa signature les décisions les plus extravagantes
parfois des généraux irresponsables.

Cela ne se peut pas.

Cela se peut d'autant moins que ces
grands chefs ne dissimulent même pas leurs
sentiments d'hostilité à l'égard de la République, et qu'il n'est pas douteux que le classement qu'ils ont donné à leurs candidats a
été influencé fâcheusement par des considérations étrangères aux intérêts de l'armée
et du pays.

Il est donc indispensable que son action
ministérielle s'affirme par une intervention
personnelle et effective.

Comment, et à l'aide de quels éléments s'exercera cette action ?

Sera-ce d'après la valeur militaire des candidats auxquels il donnera à son tour un numéro de préférence ?

C'est impossible, car il ne les a ni inspectés ni interrogés.

Il ne peut donc pas intervenir en prenant comme base d'action le côté militaire.

Mais il le pourra en faisant tout simplement son devoir de ministre républicain après avoir fait celui de Ministre de la guerre. Comme Ministre de la guerre il a fait son devoir en déléguant à ses généraux le pouvoir très grand de classer les officiers selon leur bon plaisir, en leur demandant toutefois de le faire au mieux des intérêts de l'Armée: comme Ministre républicain il va maintenant intervenir de manière à concilier les intérêts de l'Armée avec ceux de la République. Et le seul moyen sera de s'assurer de la correction politique des candidats. Pour cela il faut nécessairement qu'il se renseigne. C'est ce qu'on a appelé de la délation.

IV

Le cabinet du Ministre.

Le général André qui avait de grandes es-
pérances politiques, n'avait pas attendu
d'être nommé ministre pour faire choix de
ses futurs officiers d'ordonnance. Il les avait
inscrits sur un carnet, mais à leur insu, car
la plupart ne le connaissaient pas.

Ce fut par télégramme qu'ils furent préve-
nus, le jour même de sa nomination, et reçurent l'ordre d'avoir à se présenter dans les
vingt-quatre heures rue Saint-Dominique.

Afin d'assurer la transmission du service,
il avait réincorporé dans son futur cabinet

quelques officiers de celui de son prédécesseur. Il les avait choisis parmi ceux qui lui
avaient été indiqués par M. Cazelles, chef du
cabinet civil, comme étant les plus favorables
à ses idées personnelles et à la politique de
défense républicaine du Ministère Waldeck-
Rousseau.

M. Cazelles était, rue Saint-Dominique,
l'homme lige du Président du Conseil.

A une ou deux unités près, les nouveaux
venus étaient des hommes d'une énergie
éprouvée, qui avaient eu le courage de prendre position dans l'affaire Dreyfus, et qui,
tout de suite, s'unirent étroitement et furent
prêts à seconder de tout leur pouvoir le chef
de l'armée dans sa tâche ardue.

Les anciens témoignèrent en toute circonstance d'un loyalisme absolu. La réunion de
telles énergies dans un groupe humain aussi
restreint doit être un fait très exceptionnel.

De rares dissemblances existaient cependant entre quelques-uns et la plupart des nouveaux venus, au point de vue des opinions politiques, et l'une d'entre elles était due à une erreur des plus réjouissantes que je vais raconter :

Le général André, non encore ministre, recherchait les membres de son futur cabinet militaire. Un jour il faisait part à une personnalité politique des difficultés qu'il éprouvait à trouver des officiers républicains possédant en outre les diverses qualités d'énergie, d'intelligence etc., qu'il désirait en eux.

« Je puis vous indiquer un chef de batail-
« lon du génie excellent et qui vous donnera
« pleine satisfaction, lui dit la personnalité
« politique, c'est M.............., chef du génie
« à .... J'en réponds. — Bien, ap-
« prouve le général, il fera partie de mon
« cabinet. »

Il rentre ensuite chez lui, mais en route le nom qui lui a été donné s'efface de sa mémoire.

Il consulte l'annuaire.

Celui-ci venait d'être réfectionné et indiquait par conséquent l'affectation la plus récente des officiers.

Or le chef du génie de............ avait été muté depuis quelques semaines. Il était maintenant à Clermont-Ferrand et avait été remplacé à.................. par le chef de bataillon............

C'est celui-ci que le ministre inscrivit sur la liste de son futur cabinet et ce fut lui qui reçut, le jour de la nomination du ministre, le télégramme lui prescrivant de se rendre dans les vingt-quatre heures à Paris pour faire partie de l'état-major particulier du général André.

Jamais, certainement, homme ne fut plus ahuri que cet excellent commandant, quand il reçut cet ordre, car ses idées religieuses étaient diamétralement opposées à celles que, dans l'armée, on attribuait au général André.

Au demeurant, le commandant était, je m'empresse de le dire, le plus honnête homme du monde, le meilleur des pères de famille et un excellent officier.

Tout à fait déconcerté de se voir au milieu de ce groupe d'officiers à tendances positivistes très accentuées, il appelait successivement chacun de nous et, en grand secret, très confidentiellement, nous demandait si nous savions comment, et grâce à l'intervention de quel personnage, il avait été nommé à son poste actuel.

Naturellement, le premier à qui cette question confidentielle fut posée s'empressa d'en informer tous les camarades.

Et comme les petits entretiens secrets de l'excellent commandant continuaient, on s'entendit bien vite pour le déconcerter et le troubler de plus en plus.

Les uns lui affirmaient que sa nomination était due à la recommandation d'une personnalité politique choisie dans les rangs des socialistes révolutionnaires; les autres qu'elle était la conséquence toute naturelle de la réputation qu'il avait d'être un farouche anticlérical; parfois enfin on poussait la cruauté jusqu'à lui assurer qu'elle était due à l'intervention de la maçonnerie. Et le brave et honnête commandant passait alors du cramoisi au vert sombre.

Quand l'usage de la parole lui revenait, il protestait bien vite de la modération de ses opinions politiques et de la réalité de ses sentiments religieux.

Ceux-ci étaient sincères en effet et nul doute que si tous les chrétiens ressemblaient à l'excellent commandant X... l'humanité serait foncièrement bonne tout en manquant de gaîté et de vie ; la religion du Christ est la religion de la mort.

Une autre dissemblance existait. Elle était moins accentuée, mais aussi moins simpliste.

Celui qui la représentait était un brillant officier supérieur de cavalerie qui voulait, à tout prix, passer pour un farouche républicain. Sa république était en réalité d'un rose bien pâle. Personne ne lui en eût fait grief. Mais comme il accordait toutes ses faveurs à la fine fleur de l'aristocratie, les officiers du cabinet prenaient un malin plaisir à souligner la contradiction qui existait entre ses actes et ses paroles.

Ainsi, à part de rares exceptions, il y avait unité presque complète de sentiments politiques dans l'état-major particulier du général André au début de son ministère. Et cette parfaite harmonie exista tant que des éléments nouveaux et parfois dissolvants ne s'y introduisirent pas pour en chasser les meilleurs.

Ce fut l'époque de la grande et belle lutte où un général républicain avec une douzaine d'officiers ne craignait pas de livrer bataille à toute la réaction militaire.

Ce furent les moments d'enthousiasme ardent où la grandeur du danger ne faisait qu'exciter le courage.

Ce fut la première revue du 14 juillet, celle de 1900, où le Ministre et son état-major particulier, fièrement campé derrière lui, affrontèrent crânement à Longchamp les cent mille cris de réaction de : « Vive Bougon ! » où, dans les tribunes, on s'apostrophait de voisin à voisin, cependant que, sournoise assurément, mais domptée et d'apparence correcte, l'armée de Paris défilait devant le ministre républicain.

Mais un jour vint où, je ne sais pourquoi, le général André qui avait si soigneusement

M. DESMONS, Sénateur.
Vice-Président du Sénat.

constitué son cabinet au début, accepta, sans même se renseigner, qu'un officier que ni ses qualités militaires, ni sa bonne éducation, ni ses sentiments républicains, ne désignaient pour ce poste, fît partie de son état-major.

Ce jour fut un jour de malheur et la cause initiale d'une désagrégation lente de ce bloc de douze officiers unis par la commune pensée républicaine.

L'intrigue et la calomnie s'infiltreront désormais par les moindres fissures jusqu'au cœur de la masse. Et c'est ainsi que plus tard une arme perfide volée dans le camp, permettra d'atteindre mortellement le Ministre de la Guerre et son état-major.

V

Corinthe et Carthage. — Officiers républicains et officiers réactionnaires. — Hypocrisie de soi-disant républicains.

Depuis plusieurs années, le général André inscrivait sur deux registres qu'il avait nommés « Corinthe » et « Carthage », les officiers dont les sentiments politiques étaient nettement marqués dans un sens ou dans l'autre, et qu'il connaissait personnellement ou qui lui furent signalés par des amis sûrs.

Les officiers libéraux, républicains, partisans de la revision du procès Dreyfus, étaient portés sur Corinthe, les officiers notoirement réactionnaires et antidreyfusards, sur Carthage. Inutile d'ajouter que ceux-ci étaient en nombre très supérieur à ceux-là..

Quand il eut été nommé ministre, il confia Corinthe et Carthage au colonel Percin, son chef de cabinet, qui me chargea de lui en faire un double, et qui s'efforça d'augmenter le plus possible le nombre des officiers qui y étaient mentionnés.

Dans ce but il provoqua et recueillit des renseignements des personnes dont les sentiments républicains lui étaient affirmés. Il en demandait fréquemment dans des cas particuliers aux officiers du cabinet, sur ceux appartenant à leur arme, et un jour le commandant Gallet n'ayant pu lui en fournir sur un officier de cavalerie qui briguait je ne sais quel emploi spécial, fut vertement tancé et

menacé d'être relevé de ses fonctions s'il ne
lui en procurait pas.

C'était un commencement d'épuration. Le
ministre estimait avoir le droit de ne pas confier des postes de faveur aux officiers qui se
vantent de détester le Gouvernement qui les
paie.

On eut un moment l'intention de procéder
à l'épuration générale du personnel du Ministère et principalement des bureaux de
l'Etat-Major, ce réceptacle de la quintes-
sence jésuitière, cette sentine où avait été
machinée la fausse accusation portée contre
Dreyfus, ce repaire d'où partaient tous les
mots d'ordre de la conspiration clérico-mili-
taire. Des listes d'officiers républicains
étaient préparées, il ne restait qu'à faire paraître les mutations à l'*Officiel*, et la République aurait vu cette chose très nouvelle,
presque inouïe, de ne plus avoir dans les
bureaux de la guerre des officiers qui pas-

saient la plus grande partie de leur temps
à conspirer contre elle et à collectionner des
fiches, de délation celles-là, contre ses meilleurs serviteurs.

On devait du même coup prononcer certaines mutations reconnues indispensables
dans les hauts grades de l'armée de Paris,
mais le flottement qui suivit la démission du
général Jamont, et d'autres difficultés en
perspective, empêchèrent le Ministre d'exécuter cet énergique projet. On s'arrêta à
la résolution de procéder seulement par voie
d'épuration lente, en remplaçant par des officiers corrects ceux qui, par suite de promotion ou de mutation, viendraient à disparaî-
tre.

Le mois de novembre arriva et avec lui
commença le travail d'avancement. Le fusionnement une fois terminé, il restait à désigner les officiers qui seraient inscrits au
tableau.

Le Ministre voulait que les officiers républicains fussent avantagés et que ceux qui
étaient notoirement hostiles à la République
fussent retardés ou éliminés. On consulta
Corinthe et Carthage. Ils contenaient sept
ou huit cents noms, répartis sur l'ensemble
de l'armée, soit sur vingt-cinq mille officiers
environ, ce qui correspondait à être renseigné sur une centaine, des deux ou trois mille
qui figuraient dans le travail d'avancement.

Et pourtant les officiers républicains es-
péraient qu'un peu plus de justice présiderait
désormais aux choix qu'allait faire le Ministre. Mais ces officiers républicains il aurait
fallu les connaître.

Comment désigner les trois ou quatre
cents officiers à inscrire au tableau ?

Ainsi que cela a été expliqué plus haut, si
on respectait strictement l'ordre de préférence des chefs hiérarchiques, l'action du

Ministre était nulle, et comme par le passé les officiers inscrits seraient parfaitement réactionnaires et cléricaux dans leur ensemble.

Ceux qui connaissent les choses de l'armée savent très bien que pour un officier porté au tableau, beaucoup le valent au point de vue de la valeur professionnelle, et souvent même valent mieux.

Cela se voyait fréquemment avec les anciennes commissions de classement, à l'époque où la parenté et l'opinion religieuse avaient beaucoup plus d'importance que les mérites d'ordre purement militaire.

De ce que le général André voulait avantager les officiers républicains, il n'en faudrait donc pas déduire que cela risquait d'abaisser la valeur technique moyenne des candidats, et, par suite, de porter préjudice à la bonne constitution des cadres de l'armée. De ce qu'un officier est républicain, il ne s'ensuit pas, en effet, qu'il soit moins intelligent qu'un officier réactionnaire.

Le cerveau qui est capable de bien s'adapter à l'idée républicaine doit même, d'une façon générale, être supérieur, non seulement dans le domaine des abstractions, mais aussi dans celui des réalités concrètes, au cerveau qui évolue vers l'idée monarchique qui est une idée de stagnation et de tradition et par suite de réaction.

Du reste, sans qu'il soit nécessaire de remonter aux généraux de la République et de l'Empire romains, où d'ailleurs nos contradicteurs pourraient nous opposer le manque de similitude entre l'idée républicaine d'alors et celle d'aujourd'hui, qui osera soutenir que les généraux républicains de la Révolution française, notamment les Hoche, les Marceau, les Gouvion Saint-Cyr, les Moreau, qui étaient d'ardents et sincères républicains fussent, intellectuellement, moins bien orga-

nisés que les maréchaux du premier et du
second Empire ?

Les premiers firent non seulement preuve
d'une connaissance consommée de l'art de la
guerre, mais ils jetèrent à travers l'Europe
l'idée féconde de liberté d'où sont sorties les
formes constitutionnelles des gouvernements
modernes. Chez les seconds, non seulement
l'idée fut absente, mais encore ils témoignèrent dans leur spécialité, dans leur art,
d'une incapacité qui, par deux fois, condui-
sit la France au bord de l'abîme.

Et si, abandonnant les sommets militaires,
nous descendons vers les régions plus hum-
bles de la hiérarchie, pour observer les tendances générales des officiers républicains
et des officiers réactionnaires d'aujourd'hui,
que constatons-nous?

Que les premiers demandent la réduction
du temps de service militaire de façon à
pouvoir rendre le plus tôt possible à l'agri-

culture, à l'industrie, au commerce, des bras inutilisés et improductifs; la suppression de toutes les prescriptions surannées, de toutes les superfluités, de toutes les formules rigides qui encombrent nos règlements militaires, et le remplacement de ceux-ci par des règlements aux formules élastiques, bases d'un enseignement militaire rationnel et scientifique; une meilleure utilisation du temps passé par l homme à la caserne en dehors des heures consacrées aux exercices et à la manœuvre: conférences régimentaires, cours obligatoires non seulement pour les illettrés, mais pour tous les soldats, afin d'augmenter le petit bagage acquis à l'école primaire et de leur donner une plus-value pour le jour où ils redeviendront citoyens libres.

Les seconds, au contraire, sont nettement opposés à la réduction du temps de service et, bien que le principe de la nation armée soit le seul qui permette à un peuple d'atteindre son maximum de puissance militaire, ils regrettent le type des armées de métier, où le soldat restant de nombreuses années sous les drapeaux pouvait, un fois son instruction terminée, passer la plus grande partie de son temps dans l'oisiveté; ils voudraient des règlements où tout fût prévu jusqu'aux moindres détails, ils sont partisans de la complication et de l'inutilité des mouvements de parade et de revue, ils regrettent la suppression du maniement d'armes, la disparition des formules rigides et immuables qui, une fois apprises, rendent superflu tout effort de pensée; ils sont nettement opposés aux conférences et cours régimentaires, et déclarent que la conception de l'officier professeur et éducateur est absurde. Chez les premiers idée féconde, idée de progrès; chez les seconds absence d'idée ou idée de réaction.

Non il n'y avait pas à craindre qu'en voulant républicaniser notre corps d'officiers on risquât d'en amoindrir la valeur intellectuelle, et il y avait au contraire beaucoup de bien à espérer de l'évolution des cerveaux militaires vers l'idée républicaine.

A tout prix il fallait donc ɔnnaître les officiers républicains.

Quand on les connaîtrait, la méthode rationnelle consisterait à discuter successivement chaque candidat dans l'ordre de présentation des chefs hiérarchiques, à éliminer ceux qui auraient manifesté des sentiments hostiles à la République, et à inscrire au tableau, jusqu'à concurrence des besoins ceux qui seraient républicains ou simplement corrects. Ce serait une sélection dans le choix.

Et qui oserait soutenir qu'en agissant ainsi le Ministre commettrait un abus de pouvoir?

Comment ! vous donnez à vos chefs de
corps et à vos généraux le droit de classer
leurs officiers de la façon la plus arbitraire,
de telle sorte qu'on a vu fréquemment tel officier qui était très bien présenté par son
colonel ou son général de division, l'être
très mal par son brigadier ou son commandant de corps d'armée, et vous refuseriez
au Ministre le même droit, et cependant
vous le rendez responsable et vous lui demandez de républicaniser l'armée ! Vous ap-
prouveriez donc que non seulement un gouvernement se laissât impunément haïr et ba-
fouer par ses fonctionnaires et par ses officiers, mais encore qu'il réservât ses meilleurs postes et ses plus belles faveurs à ceux
qui le détestent le plus ?

Il n'y a que chez le peuple dont les héré-
dités de race, autant que les siècles de domination catholique, ont amoindri la faculté de
penser fortement et même de penser tout

simplement, que de telles aberrations puissent devenir l'opinion générale, et il n'y a que la nation qui a pu avoir une affaire Dreyfus qui puisse avoir maintenant une affaire des fiches.

Car c'est là toute la question, attendu que si vous admettez ce qui est, à savoir que les fonctionnaires et les officiers étant payés par l'Etat, se trouvent vis-à-vis de celui-ci dans la condition de l'ouvrier vis-à-vis du patron; qu'ils n'ont en somme qu'un *status libertatis* limité par rapport à lui; que, conséquemment, celui-ci peut exiger certaines qualités de fidélité et de dévouement bien mieux même que le patron vis-à-vis de l'ouvrier, car on n'est généralement pas ouvrier pour son plaisir tandis qu'on peut toujours éviter d'être fonctionnaire ou officier: vous devez alors reconnaître à l'Etat le droit de se renseigner sur leur façon de se comporter à son égard, et vous devez lui laisser la faculté de le faire par les voies et moyens qu'il entend, quitte à lui à contrôler, à vérifier ensuite les renseignements recueillis.

D'ailleurs, voyez de quelle manière se comportent de nombreux patrons vis-à-vis des ouvriers. Que l'un de ceux-ci se présente à la porte d'une usine de la région du Nord, et soit accepté. Peu de temps après, le patron sera en possession d'une carte contenant les questions ci-après, auxquelles les réponses auront été faites par les « hommes sûrs » des organisations électorales réactionnaires de la circonscription :

---

1. Nom.
2. Prénoms.
3. Date et lieu de naissance.
4. Profession.
5. Domicile.
6. Chez qui l'électeur est-il occupé ?
7. Opinions :
    Collectiviste ?
    Anti-collectiviste ?
    Renseignements obtenus sur l'opinion ?

N°.................   · (*Voir au dos*).

M. VADECART
Secrétaire Général du Grand Orient.

Et, si les renseignements sont défavorables, l'ouvrier sera immédiatement congédié, jeté sur le pavé, et lui et sa famille plongés dans la misère.

Et cependant ceux qui, aujourd'hui, crient si fort contre la prétendue délation, sont ceux-là mêmes qui n'ont pas un mot de protestation contre de tels procédés — employés par les patrons pour subjuguer aux caprices de leurs intérêts la pensée de ces êtres, qui sont des hommes comme eux et qui ont besoin de travailler pour procurer du pain à leurs femmes et à leurs enfants.

Quelle différence avec ce qui s'est passé pour les officiers !... Ceux-ci ont tout au plus été privés *d'une faveur* : car ils ont quand même obtenu l'avancement que leur confère la loi, c'est-à-dire l'avancement à l'ancienneté, qui est le droit de tous et contre lequel on ne peut rien. D'un côté, privation d'une faveur : on trouve que c'est abominable. De l'autre, privation du pain quotidien : on hausse les épaules et on passe.

Il faudrait cependant, peuple de France, t'habituer un peu à réfléchir par toi-même et ne pas continuer à accepter toujours pour des vérités les mensonges de ceux qui sont en haut, que tu nourris et que tu engraisses de ton travail, et qui te plongent dans l'erreur pour mieux assurer leur domination.

Pourquoi te laisser conduire par cette bourgeoisie conservatrice devenue plus réactionnaire, plus autoritaire, plus égoïste que la noblesse contre qui tu fis la révolution et qui, du moins, à côté de grands défauts, avait quelques grandes qualités ?

Que les vieux partis de réaction soient violemment opposés à l'idée qu'une démocratie doit être servie par des fonctionnaires et des officiers républicains, cela se conçoit, ils sont dans leur rôle et tu es prévenu contre eux.

Mais méfie-toi au moins autant et même plus de ces bourgeois qui ne prennent l'étiquette républicaine que pour mieux te trahir.

Ces hommes ont un masque, arrache-le et tu verras une figure de traître.

Garde-toi donc de leur confier la direction des affaires publiques qui sont bien plus les tiennes que les leurs puisque tu es le nombre.

Garde-toi surtout d'en faire des députés et des sénateurs, car alors, grâce à leur étiquette républicaine, ils pourront te faire beaucoup de mal et n'y manqueront pas.

C'est contre toi qu'ils gouverneront, davantage peut-être que des ennemis déclarés. Regarde leur œuvre dans cette affaire des fiches.

Tenue seulement par la réaction, cette
arme était inoffensive, et c'est parce que de
faux républicains s'en sont servis que la
République a failli être en danger. Ce sont
eux qui sont la cause de tout le mal.

Tu répondis d'abord avec bon sens par
un immense éclat de rire aux airs effarou-
chés que prenait la réaction pour exhiber
les documents qu'elle s'était procurés par
la corruption, la trahison et le vol.

Et ce fut avec joie que tu appris qu'un
Ministre de la Guerre s'était enfin trouvé
pour vouloir te donner un corps d'officiers
qui ne te traiteraient plus avec hauteur, insolence et mépris, et mieux pénétrés de
leurs devoirs que les fantoches que tu eus
trop souvent l'occasion de contempler.

Puis en voyant que de soi-disant républicains se joignaient à la réaction et pro-
nonçaient gravement le mot « *Délation* »,

ton rire s'arrêta et, déconcerté, tu te dis que vraisemblablement tu avais eu tort de rire.

Eh bien non tu n'avais pas eu tort de rire : ton premier mouvement était le bon et si tu savais réfléchir tu continuerais à rire. Mais tu n'es pas coupable, car on a tout fait pour t'empêcher de penser par toi-même.

Les vrais coupables ce sont ces faux républicains qui te trompent et qui savent très bien, eux, que ce n'est que grâce à l'infâme travestissement d'un mot, que « *Délation* » a été appliqué à ce qui ne fut que renseignements, information et contrôle républicains. Ils savent très bien, eux, que quand Libon était dénoncé à Tibère, c'était sur de *fausses* accusations, dans l'intérêt d'un *seul* contre la liberté de *tous*, et surtout ils savent très bien que les accusateurs reçurent pour *récompense* de leur lâcheté les biens de Libon en partage et des prétures extraordinaires.

Tandis que ceux qui ont signalé au Ministre de la Guerre les officiers républicains et les officiers réactionnaires n'ont pas outrepassé les droits de contrôle que, dans une démocratie, tout citoyen doit avoir à l'égard de tout salarié de l'Etat; qu'ils n'ont agi que dans l'intérêt de *tous* contre l'intérêt d'une caste qui elle-même agit dans l'intérêt d'un *seul;* qu'ils n'ont eu que leur peine en partage, *sans aucun espoir de récompense,* leurs noms restant ignorés de ceux à qui les renseignements étaient destinés.

VI

Tableaux d'avancement de 1900. — Le Ministre décide de s'adresser aux associations républicaines pour obtenir des renseignements. — Je suis spécialement chargé de la correspondance avec le Grand-Orient.

J'ai dit plus haut que pour un officier qui est inscrit au tableau d'avancement beaucoup ont la même valeur professionnelle. Pour en avoir la preuve il suffit de lire les notes ci-après qui sont le résumé, tel qu'il

fut soumis au Ministre, de celles données
par les chefs de corps ou de services, aux
vingt capitaines classés en tête d'un corps
d'armée, dans le travail d'avancement de
1903-1904.

1. . . . . Remarquable officier parfaitement
doué sous tous les rapports.

2. . . . . Connaît admirablement ses règlements. Beaucoup d'expérience sur
le terrain, très instruit.

3. . . . . Il est regrettable que cet officier n'ait
pas encore pu figurer au tableau
d'avancement, grande valeur.

4. . . . . Officier d'élite, parfait sous les rapports.

5. . . . . Travailleur acharné, aussi bon dans la
troupe que dans un service d'état-
major.

6. . . . . . Proposé n° 1 au régiment, depuis 3 ans, officier de choix et d'avenir.

7. . . . . . Joint à beaucoup de zèle un grand savoir et du savoir-faire.

8. . . . . . Excellent cavalier, très apte au service d'état-major, également très bon dans la troupe.

9. . . . . . Officier parfait, ne mérite que des éloges.

10. . . . . . Homme de caractère, commande admirablement sa compagnie, très travailleur et très instruit.

11. . . . . . Très grande activité, beaucoup de méthode, obtient des résultats excellents partout où il passe.

12. . . . . . Officier hors ligne qu'il y a intérêt à pousser.

13. . . . . . Aussi capable que modeste, est très aimé de ses hommes.

14. . . . . . Connaît à fond tous les détails du métier, coup d'œil très juste sur le terrain.

15. . . . . . Officier des plus distingués qui brillera partout où il passera.

16. . . . . . Très travailleur, obtient des résultats remarquables.

17. . . . . . Fanatique, adore son métier, a plutôt besoin d'être retenu que poussé.

18. . . . . . Officier de très grande valeur, qu'il y aurait intérêt à voir arriver jeune.

19. . . . . . Aussi brillant dans un service d'état-major que dans la troupe.

20. . . . . . Officier de grande valeur, très zélé et très instruit.

Ce corps d'armée comptait 151 capitaines réunissant les conditions d'ancienneté pour être proposés, c'est-à-dire ayant au moins cinq ans de grade, et le Ministre avait, d'après ce nombre, fixé à 3 les inscriptions à faire au tableau dans ce corps d'armée.

Les notes militaires des 20 candidats ci-dessus sont équivalentes, cela ressort de leur lecture.

Si le Ministre désigne parmi eux les candidats à inscrire au tableau, il pourra affirmer que ses choix présentent toutes les garanties de valeur professionnelle exigibles, et si ces 3 capitaines sont animés de sentiments favorables au Gouvernement, il pourra être satisfait de son œuvre, car il aura ainsi concilié d'une façon parfaite les intérêts de l'armée et de la République.

Tel est l'idéal vers lequel devraient tendre les efforts des ministres républicains de la Guerre en matière d'avancement et tel est celui que s'est efforcé d'atteindre le général André pendant son ministère.

En 1900 ce ne fut naturellement pas possible, et la nécessité de se renseigner à tout prix ressortit nettement de la difficulté insurmontable où se trouva le Ministre de faire œuvre sérieuse d'action républicaine.

Cette nécessité étant reconnue, quels moyens allait-on employer ? On s'adressa à la Sûreté générale, les résultats ne furent pas satisfaisants.

Le chef de cabinet continua à demander des renseignements aux officiers et aux personnes dont il était sûr, mais comment arriver à être renseigné sur tous ceux qu'il eût été utile de connaître ? Le Ministre et lui eurent un jour l'idée de s'adresser aux associations républicaines.

J'étais, au cabinet du Ministre, le seul officier maçon à cette époque. Le général Percin me demanda si la maçonnerie ne pourrait pas nous aider dans notre tâche.

Je connaissais depuis peu M. le sénateur Desmons qui était président du Conseil de l'Ordre du Grand-Orient de France. Àyant appris que l'Etat-Major particulier du Ministre comptait un officier maçon, il m'avait fait demander et, depuis, il venait me voir assez fréquemment, se servant de mon intermédiaire pour l'envoi aux bureaux intéressés, des affaires militaires dont il avait été saisi soit comme sénateur, soit comme président du Conseil de l'Ordre.

Je répondis au chef du cabinet que j'en parlerais avec M. Desmons, ce que je fis la première fois que celui-ci revint.

M. Desmons accueillit favorablement l'idée et me dit d'aller en causer avec le secrétaire général du Grand-Orient.

J'allai voir M. Vadecard, puis je lui écrivis.

M. Desmons avait revu le Ministre et la chose avait été définitivement entendue.

Il vit également le général Percin qui, en riant, lui dit que le Ministre et lui demanderaient bientôt à entrer dans la Maçonnerie.

Au Grand-Orient le bureau du Conseil fut saisi de la question et arrêta les termes des demandes de renseignements à envoyer aux correspondants de province.

Le général Percin m'avait pris comme secrétaire particulier et m'avait ordonné de m'installer dans le grand salon de réception du Ministère, celui où se trouvent les portraits des Ministres de la Guerre.

Cette pièce est située à côté de celle qui sert de bureau au chef du cabinet.

Une porte servant de communication entre les deux pièces existait, mais elle était condamnée : elle fut rouverte.

Mon service consistait à faire une partie de la correspondance du général, à étudier les questions qu'il me remettait, à tenir à jour le service des fiches de renseignements.

Ce dernier étant devenu assez considérable, le général me donna un soldat secrétaire qui vint s'installer à côté de moi.

La partie du service concernant le Grand-
Orient m'était spécialement dévolue, parce
que maçon.

Le matin quand j'arrivais au Ministère
vers 8 h. 1/2, le général était habituellement
à cheval.

Dans un casier qui se trouvait à la gauche
de sa table de travail, il m'avait réservé un
compartiment où il mettait les affaires qu'il
voulait que j'étudie avant son retour, et
parmi les notes et papiers que je trouvais
ainsi chaque matin, il était bien rare qu'il ne
se rencontrât pas une liste de noms, cela
voulait dire : demandez des renseignements.

Fréquemment, dans la journée, il m'appelait pour me remettre des noms et j'écrivais
au secrétaire général.

La plupart du temps mes lettres étaient
ainsi conçues :

« Veuillez nous procurer les renseigne-

« ments demandés ci-joint. Bien affectueuse-
« ment à vous. »

Et je signais et mettais la liste à l'intérieur
de la lettre qui était portée par un bicycliste
ou envoyée par la poste.

Quand la demande de renseignements était
urgente, ou quand le général Percin atta-
chait un intérêt tout particulier, je le men-
tionnais dans la lettre afin de hâter l'envoi
des renseignements.

Certes, cette méthode de correspondre
était dangereuse, et on peut s'étonner aujourd'hui que ce service n'ait pas été organisé sur des bases beaucoup plus secrètes,
puisqu'il paraît que c'est un véritable crime
que d'avoir utilisé des associations républicaines pour obtenir des informations. Mais
si on se reporte à quatre ans en arrière,
peut-être s'étonnera-t-on moins.

On sortait à peine de la période des graves

dangers, et le parti républicain tout entier avait compris la nécessité d'une vigoureuse offensive.

Waldeck-Rousseau prononçait au Sénat un virulent discours, dans lequel non seulement il couvrait, mais approuvait entièrement le préfet Monteil pour des actes qui, répétés en 1904, vaudront à celui-ci le titre de délateur.

C'est qu'à cette époque il n'y avait pas de fissures dans le bloc : raison suffisante pour que pas un républicain n'eût la pensée de critiquer l'idée que le Ministre avait eue et qui seule pouvait lui permettre d'accomplir sa tâche.

Qui sait, peut-être lui aurait-on décerné le titre de sauveur de la République si, alors, on avait connu les efforts qu'il faisait pour donner à la France une armée républicaine.

L'aspect des choses change complètement selon l'angle sous lequel on les regarde. Ici, pour de soi-disant républicains, l'angle d'observation a été entièrement modifié par le temps.

Quoi qu'il en soit, non seulement j'écrivis, mais le général Percin écrivit aussi. La lettre ci-dessous adressée au secrétaire général, et dont voici la finale, le prouve.

Paris, le 18 janvier 1902.

. . . .

. . . .

« Je voudrais, cher monsieur, que vous
« me demandiez trente choses possibles,
« plutôt qu'une seule irréalisable. Cela se-
« rait un vrai bonheur pour moi de vous
« témoigner ma reconnaissance pour les
« services que vous nous avez rendus, et de
« vous prouver mon bien affectueux atta-
« chement.

Général PERCIN.

(*Voir le document ci-contre*).

Je voudrais cher monsieur
que vous me demandiez trente
choses possibles plutôt qu'une
seule irréalisable. Ce serait
un vrai bonheur pour moi
de vous ~~témoigner~~ avec reconnaissance par les services...
que vous me ...
et de vous prouver mes liens
affectueux attachement

gaston ...

(Cliché du « Journal »).

Parfois même, dans certains cas spéciaux, tout à fait en dehors du service journalier de demandes de renseignements, il répondit lui-même à des lettres qui m'étaient adressées à moi. C'est ainsi qu'ayant reçu du secrétaire général la lettre ci-après qui m'était personnellement envoyée, c'est le général Percin qui répondit.

(Extrait du copie de lettres n° 300, du Grand-Orient f° 37.)

22 juin 1902.

Mon cher Mollin,

« Le 20 mai dernier, je vous demandais
« de vouloir bien vous intéresser au capi-
« taine............ du 130ᵉ régiment d'in-
« fanterie à Mayenne, qui désirerait être
« nommé au 1ᵉʳ régiment de zouaves, à Al-
« ger. Je vous disais que cet officier, bon
« républicain, avait toujours eu de mau-
« vaises garnisons.

« Il nous était recommandé par notre ami
« Corneau, directeur du *Petit Ardennais*, à

« Charleville, ami de M. Waldeck-Rousseau.

« Je ne me rappelle pas si vous m'avez
« répondu à ce sujet, mais cela n'a aucune
« importance.

« Voici ce que m'écrit aujourd'hui notre
« ami Corneau :

« Notre recommandation en faveur du ca-
« pitaine.............. qui demandait à aller
« en Algérie, lui a attiré un blâme du géné-
« ral Percin. Celui-ci l'a prié de ne plus
« faire intervenir d'influences étrangères à
« l'armée. Il y a peut-être quelque chose à
« faire à propos de cette réprimande. »

« Je vous avoue que je ne comprends pas!
« Le général Percin s'est toujours montré
« très bienveillant pour nous. Sa bonne foi
« aurait-elle été surprise ?

« Si nos recommandations doivent être de
« nature à nuire aux officiers républicains
« nous nous abstiendrons !

« Pour ma part je vous assure que cela
« m'a navré, puisque je suis un peu cause
« du blâme en question. Mais croyez bien

« que cela ne m'empêchera pas de conti-
« nuer à travailler pour la République si
« mon faible concours est toujours utile.

« Je ne fais pas de besogne personnelle
« pour m'acquérir une popularité de nature
« à m'élever au-dessus de mes conci-
« toyens !. Un jour viendra d'ailleurs où la
« République reconnaîtra sans peine ses
« véritables serviteurs, c'est-à-dire ceux
« qui l'auront servie avec fidélité, dévoue-
« ment et désintéressement.

« Votre tout dévoué,

« *Signé :* VADÉCARD. »

C'est le général Percin qui répond.

Paris, le 23/6 1902.

Cher monsieur,

« C'est sur votre bonne recommandation,
« votre recommandation seule, que j'avais
« fait inscrire le capitaine............... pour
« la deuxième place vacante aux zouaves

Cabinet

du Ministre

Paris le 23/6 1902.

Cher Monsieur

C'est sur votre bonne recommandation, votre recommandation seule, que j'avais fait inscrire le Cap.

pour le 2e plan vacant aux Zouaves d'Alger. Si donc je l'ai secouru, ce n'est pas par ce qu'il s'était fait recommander par vous. C'est au contraire par ce que, votre appui lui ayant probablement paru insuffisant, il s'était fait recommander par 2 autres personnes, dont l'une est dans des idées toutes différentes des vôtres et des miennes ces remarques incessantes, qui m'obligent à répondre absorbent mon temps inutilement, j'ai donc prié le Cap ███ de ne pas le renouveler .. Je vois que mon ...... ce ... que j'ai poursuivi celui de m'obliger à écrire une lettre de plus ... Je ne m'en plains pas puisqu'elle me procure l'occasion de vous redire Madame, l'assurance de mes sentiments affectueux et dévoués

gal Percin

(Cliché du « Journal »).

« d'Alger. Si donc je l'ai secoué, ce n'est
« pas parce qu'il s'était fait recommander
« par vous. C'est au contraire, parce que,
« votre appui lui ayant probablement
« paru insuffisant, il s'était fait recom-
« mander par deux autres personnes,
« dont l'une est dans des idées toutes dif-
« férentes des vôtres et des miennes. Ces
« démarches incessantes, qui m'obligent à
« répondre, absorbent mon temps inutile-
« ment; j'ai donc prié le capitaine..........
« de ne pas les renouveler. Je crois que
« mon invitation a eu un résultat tout op-
« posé de celui que je poursuivais : celui
« de m'obliger à écrire une lettre de plus.
« Je ne m'en plains pas, puisque cela me
« procure l'occasion de vous renouveler
« l'assurance de mes sentiments affectueux
« et dévoués.

Général PERCIN.

(Voir le document ci-contre).

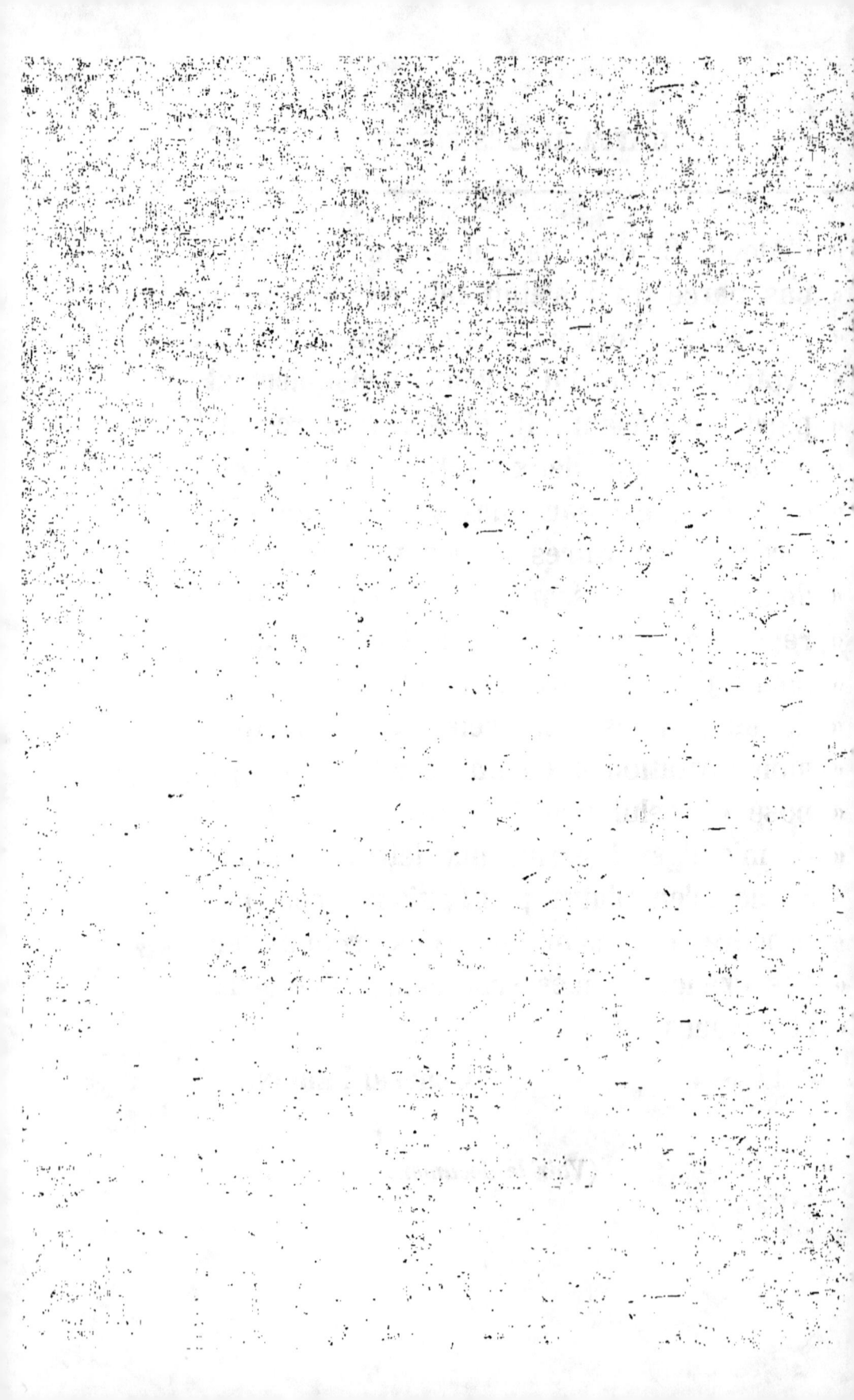

VII

Pourquoi je donnai quelques renseignements au Grand-Orient. — Fonctionnement de l'ensemble du service des renseignements. Les fiches publiées sont truquées.

Le travail imposé gratuitement au secrétaire général du Grand-Orient était considérable.

Il était naturel qu'il fût encouragé, c'est la raison qui m'incita à lui donner quelques renseignements dans des lettres qui, dans mon esprit, devaient tout au plus être mon-

trées au Président du Conseil de l'Ordre, et
être brûlées aussitôt après avoir été lues.

La pensée qu'elles étaient peut-être clas-
sées aux archives du Grand-Orient ne me
vint même jamais, tant elles étaient seulement destinées à un correspondant qui, peu
à peu, était devenu un ami, et tant elles
étaient de nature absolument confidentielle.

Je fais d'ailleurs des réserves expresses
sur plusieurs des lettres lues à la tribune de
la Chambre par M. Guyot de Villeneuve. Je
ne peux pas affirmer que certaines d'entr'elles sont des faux, puisque je n'ai pas le
moyen de faire la preuve, mais, je le répète,
je fais des réserves expresses sur l'authen-
ticité de plusieurs. Du reste, admettons
même que la première de ces lettres, qui est
la seule grave, soit vraie. Que prouve-t-elle?
Rien. En écrivant cela à un ami qui ne comprenait goutte au travail d'avancement,
j'avais simplement pour but de l'encourager.

Car, si les officiers portés sur la liste qui accompagne la lettre ont été réellement inscrits au tableau de concours ou retardés, il est dans tous les cas inexact que ce soit d'après les seuls renseignements du Grand-Orient, puisque d'autres renseignements et aussi d'autres considérations que les seules énoncées dans la lettre y avaient contribué.

Et puis, est-ce que le Ministre avait outre-passé ses droits?

Pas du tout, puisque les tableaux de la Légion d'honneur comme les tableaux d'avancement sont établis d'après le système du choix.

Le Ministre peut y mettre ou n'y pas mettre qui il veut, et il n'a de comptes à rendre qu'à sa conscience. Et je suis bien certain qu'ici, sa conscience de Ministre républicain fut très tranquille.

Il faudrait pourtant nous dire ce que vous voulez. Autrefois le père Dulac présidait à

la confection des tableaux d'avancement et
des tableaux de concours, et en quelques
années il vous dota d'une armée à son image,
qui n'est assurément pas celle de la République. Vous ne fûtes pas contents, cela se
conçoit de reste.

Mais ce qui se conçoit moins, c'est
qu'ayant eu le rare bonheur de trouver un
général qui ait sincèrement fait effort pour
donner à votre armée des cadres républicains, vous l'abreuviez maintenant d'outrages, sous prétexte qu'il s'est renseigné sur
les sentiments politiques des officiers.

Comment vouliez-vous qu'il fît ? Vouliez-
vous qu'il les devinât?

Quoi qu'il en soit, j'étais convaincu que
ces lettres, ainsi que celles par lesquelles
je demandais des renseignements étaient détruites. J'ignorais entièrement les habitudes
bureaucratiques du Grand-Orient.

Dans les débuts, je recevais presque chaque jour du secrétaire général un certain nombre de fiches. Après les avoir montrées au général, je les numérotais et les classais, puis j'inscrivais les noms sur les registres Corinthe et Carthage dont lui et moi avions chacun un exemplaire.

Je fus également chargé de compulser les listes de souscription du « Monument Henry » ; de relire les ouvrages du procès Dreyfus devant la cour de Cassation et le Conseil de Guerre de Rennes, et de relever les noms de tous les officiers qui avaient eu une attitude favorable ou défavorable à l'innocent.

De son côté, le général Percin, qui s'était réservé les autres sources d'informations, me remettait fréquemment des documents ou des listes d'officiers *bons* ou *mauvais*, avec ou sans indication de la provenance des renseignements.

Ces listes et ces documents étaient transformés en fiches.

Ainsi le *Figaro* du 29 octobre a publié le document que nous reproduisons ci-contre.

M. Gaston Calmette n'a pas hésité à dire que l'annotation « à défaut d'autre rensei- « gnement donner 15 à ceux de gauche et « 5 à ceux de droite » est de mon écriture, et que j'ai écrit cette annotation sous la dictée du Ministre.

Eh bien! M. Gaston Calmette a affirmé une chose entièrement inexacte et il a été sciemment trompé par celui qui lui a remis cette pièce.

La vérité, la voici: ce document est un de ceux que le général Percin recueillait directement et me remettait ensuite. L'annotation effacée n'est pas du tout de mon écriture,

Lycée

Rocher . Général de Brigade —

Hamon A Commandant de recrutement

Arrault Capitaine de gendarmerie

Bastia Capitaine au 71e

Blanzot

Lehodey

Sthoreau A.E.

Boulan Lieutenant au 71e

Gallou Off. d'administration

Vallon

St. Charles

mais de celle du général Percin. Je l'affirme.
Le général Percin ne peut me démentir.

Je ne lui ai jamais demandé quelles étaient
ses sources de renseignements, je ne suis
point indiscret. Mais ce que je sais cependant, c'est que si le Ministre n'avait pas brûlé
ses fiches, il lui aurait été facile de mettre
en évidence l'hypocrisie de certains professeurs de vertu qui ont eu l'audace ou l'inconscience de **crier au scandale,** alors
qu'eux-mêmes avaient été de véritables
pourvoyeurs de renseignements.

Selon qu'il est accompli par un maçon ou
un profane, le même acte serait-il donc gravement répréhensible ou méritoire?

Dans le premier cas s'appellerait-il délation et dans le second information? Il se
peut, nous avons tant d'esprit!

Le général Percin a d'ailleurs continué
jusqu'à son départ à recueillir personnellement des renseignements.

7

La note ci-dessous, du 16 février 1904, qui servit à faire une fiche, le prouve :

Le   dit que le capitaine Guibert (P. M. A.) mis au tableau est mauvais. Prendre note.

Général P...
16-2-04.

(Voir document ci-contre.)

En brûlant ses fiches, le Ministre s'est désarmé, car il s'est mis dans l'impossibilité de se justifier en démontrant matériellement le fonctionnement du contrôle républicain qu'il retirait de son service d'informations.

En principe, un seul renseignement n'était considéré comme valable, que si la situation morale de la personne qui l'avait donné constituait une garantie certaine.

Tel aurait été le cas pour le renseignement indiqué ci-dessus.

Pour ceux dont l'auteur était inconnu, ce qui était le cas pour le Grand Orient, on ne les considérait comme valables que lorsqu'ils avaient été recoupés et contrôlés.

Dans cette intention, on en demandait d'autres, soit dans la garnison précédente, soit dans la garnison nouvelle de l'officier quand il changeait de corps.

Plus tard, le Ministre ayant décidé de s'adresser à la voie préfectorale pour les officiers supérieurs, les renseignements provenant de cette source servirent en principe de base d'appréciation, et ceux provenant d'autres sources n'intervinrent plus que comme élément de contrôle et de recoupement des premiers.

Les uns et les autres étaient d'ailleurs renouvelés chaque année, ce qui permettait de suivre l'évolution vers l'idée républicaine d'un assez grand nombre d'officiers. Ainsi, il arrivait fréquemment de voir que tel officier qui en 1901 avait ses enfants chez les jésuites et manifestait ouvertement des sentiments hostiles au Gouvernement, en 1902 mettait ses enfants au lycée, et en 1903 témoignait de son respect pour nos institutions.

Enfin, au fur et à mesure que pour chaque officier le nombre des fiches des renseignements augmentait, le contrôle des informations reçues devenait plus facile en même temps que plus efficace.

Il était fait avec beaucoup de soins.

Entr'autres lettres existant au Grand Orient, celle-ci prouve qu'un contrôle sérieux était exercé :

« *Paris, le 28 avril 1904.*

« Mon cher ami,

« Inclus une liste d'officiers pour lesquels nous avons reçus des renseignements contradictoires. Vous seriez bien aimable d'en demander de nouveaux.

« Merci et bien affectueusement à vous.

« MOLLIN. »

(Voir les deux documents ci-contre.)

CAVALERIE

De Dartrain, colonel, 14e dragons, Sedan.

Maître, lieutenant-colonel, 3e cuirassiers, Vouziers.

Vergne, lieutenant, 5e hussards, Nancy-Troyes.

De Navailles-Labatut, lieutenant, 7e dragons, Fontainebleau.

Loche, lieutenant, 10^e dragons, Montauban.

INFANTERIE

Frisch, capitaine, 109e, d'infanterie, Chaumont, Remiremont.

MINISTÈRE
DE LA GUERRE

Cabinet
du Ministre

RÉPUBLIQUE FRANÇAISE.

Paris, le 28 avril 1904

GRAND CHANCELIER DE LA LÉGION D'HONNEUR
29 AVRIL 1904
No 7720

Mon Cher Ami

Inclus une liste d'officiers pour
lesquels nous avons reçu des renseignements contradictoires. Vous serez bien
aimable d'en demander de nouveaux.
Merci et bien affectueusement à vous.

Cavalerie

de Oberlein	Colonel	14e Dragons	Sedan
Maître	Lieutenant-Colonel	3e Cuirassiers	Tauziers
Tecquie	Lieutenant	5e Hussards	Nancy - Troyes
de Kavaillex Sabatut	do.	7e Dragons	Fontainebleau
Sothe	do.	10e Dragons	Montauban

Infanterie

Frisch	Capitaine	109e d'Infie	Chaumont - Remiremont

De l'ensemble de toutes ces informations, qui provenaient de sources et portaient sur des époques diverses, ressortait nettement la photographie morale de l'intéressé, et l'impression qui s'en dégageait serrait la vérité de très près.

Il est facile de se rendre compte que ce système ne ressemblait guère à celui que la réaction s'est efforcée de pasticher, par la publication de certaines fiches choisies, et qui ne peut être que la parodie de celui qui fonctionnait en réalité, puisqu'il montre non pas l'ensemble du système, mais seulement une partie, et que d'ailleurs cette partie est dénaturée et faussée.

En effet, un grand nombre de fiches sont truquées ou tronquées, et sont présentées isolément pour chaque intéressé, sans, à côté, les fiches de recoupement et de contrôle.

Ce faisant, la réaction joue son rôle et le joue bien.

On peut même dire que sa supériorité a été écrasante vis-à-vis du Gouvernement qui a tout perdu par l'infériorité déconcertante dont il a fait preuve.

J'ai dit qu'un grand nombre de fiches publiées par la réaction étaient truquées ou tronquées. Les quelques exemples ci-après pris au hasard en fourniront la preuve (1).

1. Les mots en italiques, dans la colonne de droite, sont ceux qui ont été supprimés dans les fiches publiées.

Fiches publiées par le Figaro.	Fiches existant réellement au Grand-Orient.

M. PELLETIER, commandant
au 3ᵉ d'infanterie (Marseille-Digne) [1].

Catholique non pratiquant. Réactionnaire.	Catholique non pratiquant. Réactionnaire, *mais accessible aux idées libérales. Fait ce qu'il peut pour ses hommes qui l'aiment beaucoup.*

M. LE GROS, lieutenant-colonel
au 3ᵉ d'infanterie.

Réactionnaire et catholique convaincu.	Réactionnaire et catholique convaincu, *mais très bienveillant pour ses hommes qui l'estiment beaucoup.*

Figaro.	*Grand-Orient.*

M. BOYER, commandant à Saïda
2e étranger.

Très habile, peu sincère. Il affiche des opinions anticléricales, mais il encourage sa femme et ses enfants à pratiquer la religion catholique. Il semble ainsi vouloir se ménager une place et des amis dans les deux camps.

Il professe des idées républicaines, mais très faiblement, et aimerait un président de la République militaire.

D'une intelligence au-dessus de la moyenne.

Très habile, peu sincère. Il affiche des opinions anticléricales, mais il encourage sa femme et ses enfants à pratiquer la religion catholique. Il semble ainsi vouloir se ménager une place dans les deux camps.

Il professe des idées républicaines, mais très faiblement, et aimerait un président de la République militaire.

D'une intelligence au-dessus de la moyenne, *c'est un soldat de valeur. Il est bon pour ses hommes, dévoué dans ses fonctions.*

Figaro.	Grand-Orient..
—	—
Sans conviction profonde et capable d'adopter extérieurement la ligne de conduite la plus propre à favoriser ses vues et ses ambitions.	En un mot, il est sans convictions profondes, et capable d'adopter extérieurement la ligne de conduite la plus propre à favoriser ses vues et ses ambitions.

M. BOELLE, colonel
au 39ᵉ d'infanterie, à Rouen.

	Jouit d'une considération justifiée par son zèle, son activité, ses préoccupations humanitaires pour ceux qui sont sous ses ordres.
Neutralité absolue en matière politique et religieuse. Ferme défenseur néanmoins des institutions républicaines.	Neutralité absolue en matière politique et religieuse. Ferme défenseur néanmoins des institutions républicaines.

Figaro.	*Grand-Orient.*

M. MAISONNET, commandant
au 1er zouaves (Alger-Paris).

Né en 1850, à Montigny (Haute-Marne). Sorti de Saint-Maixent en 1877, commandant en 1903, marié en Algérie ; d'un républicanisme opportuniste ; marcherait partout.	Né en 1850, à Montigny (Haute-Marne). Sorti de Saint-Maixent en 1877, commandant en 1903 ; marié en Algérie, *très franc de caractère ; idées libérales* ; d'un républicanisme opportuniste ; marcherait partout.

M. DE COURSON DE VILLENEUVE, colonel
au 13e d'infanterie, à Nevers.

Pas républicain à coup sûr ; clérical, mais en somme poli et correct, quoique fort mal disposé envers les républicains.	Pas républicain à coup sûr ; clérical, mais en somme poli et correct, *même bon cœur*, quoique fort mal disposé envers les républicains ; *ne souffre pourtant pas qu'on fasse de la propagande contre le gouvernement.*

Figaro.	Grand-Orient..

M. BOUYSSON, commandant
au 122ᵉ d'infanterie, à Montpellier.

Originaire de l'Aude. Esprit libéral, plutôt teinté de nationalisme. Va parfois à la messe, quoique célibataire ; fréquente quelques prêtres. Homme de relations aimables ; serviable à l'occasion.

S'accommode du présent, mais verrait certainement avec plaisir le nationalisme triompher.

S'accommode du présent, mais verrait certainement avec plaisir le nationalisme triompher.

M. VALLUT, commandant
au 25ᵉ d'artillerie, à Châlons-sur-Marne.

Marié, père de cinq enfants âgés de 14, 12, 10, 8, et 1 ans.

Trois garçons font leurs études au collège

Marié, père de cinq enfants âgés de 14, 12, 10, 8 et 1 ans.

Trois garçons font leurs études au collège

Figaro.	*Grand-Orient.*
—	—

de Saint-Étienne dirigé par des prêtres, et une fille âgée de 10 ans a une institutrice spéciale chargée de son éducation.

Les renseignements généraux recueillis sur le compte de M. Vallut le montrent d'opinions politiques nettement réactionnaires; il n'essaye même pas de donner le change; ses relations, qui sont assez nombreuses à Châlons, sont choisies dans les milieux les plus réactionnaires.

Au point de vue philosophique, il a des idées nettement cléricales et intransigeantes; fré-

Saint-Étienne dirigé par des prêtres, et une fille âgée de 10 ans a une institutrice spéciale, chargée de son éducation.

Les renseignements généraux recueillis sur le compte de M. Vallut *sont plutôt favorables; il passe pour être dans une grande aisance.*

Les opinions politiques de M. Vallut sont nettement réactionnaires; il n'essaye même pas de donner le change. Ses relations, qui sont assez nombreuses à Châlons, sont choisies dans les milieux les plus réactionnaires.

Au point de vue philosophique, il a des idées nettement cléricales et intransigeantes. Fré-

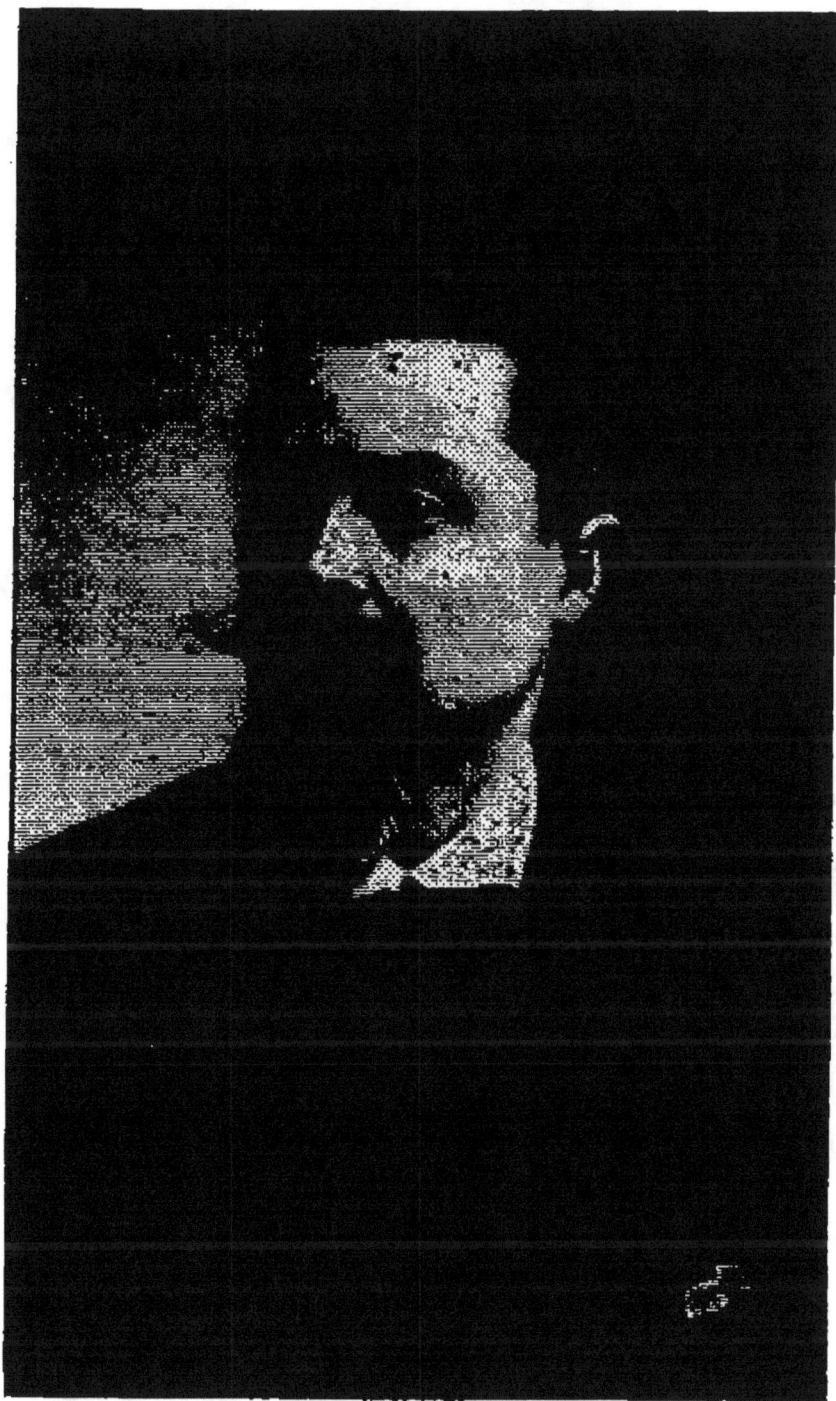

M. JACQUES DHUR
Auteur des articles du « Journal ».

Figaro.	Grand-Orient.
—	—
quente régulièrement les églises, et est de ceux qui estiment qu'il n'y a pas de salut hors de l'Église.	quente régulièrement les églises, et est de ceux qui estiment qu'il n'y a pas de salut en dehors de l'Église.
	Il ne se livre pas, du moins qu'on ne sache, à des manœuvres contre le gouvernement.

M. LECONTE, commandant au 84e, École normale de tir (Camp de Châlons).

Absolument clérical.	Absolument clérical, *mais, malgré cela, bon avec ses hommes. En tout cas,* dévoué à la réaction.
Dévoué à la réaction. Fréquente l'église.	Fréquente l'église.

M. VONDERSCHERR, colonel au 106e d'infanterie, à Châlons-sur-Marne.

M. Vonderscherr est à la tête du 106e depuis le 1er avril 1901. Il était

8

Figaro.	**Grand-Orient.**
	précédemment affecté à l'École de guerre et détaché à Mourmelon-le-Grand.
	Il est âgé de 54 ans. C'est un officier de grande valeur, très énergique, voyant ses hommes de très près et sachant se faire aimer d'eux.
	M. Vonderscherr étant célibataire, ses relations sont peu étendues. On peut dire de lui que ce n'est pas un officier de parade, mais un travailleur et un homme d'action.
Au point de vue politique, il a toujours eu une attitude très correcte. Sans ostentation, ni sans fausse honte, il laisse deviner ses sentiments politiques qui sont en parfait accord avec nos institutions.	Au point de vue politique, il a toujours eu une attitude très correcte. Sans ostentation, ni sans fausse honte, il laisse deviner ses sentiments politiques, qui sont en parfait accord avec nos institutions.

Figaro.	Grand-Orient.
—	—

M. MARTINIE, commandant au 11e chasseurs, à Vesoul.

Serait peu sympathique. Fils d'un intendant, je crois, qui serait nationaliste. Doit l'être.	Serait peu sympathique. Fils d'un intendant, je crois, qui serait nationaliste. Doit l'être, *mais aurait, dit-on, des idées assez larges.*

M. DURAND DE VILLERS, colonel au 13e dragons, à Lure.

N'est pas républicain.	N'est pas républicain. *Passe cependant pour avoir des idées assez larges. Deux de ses fils ont été élevés au lycée de Vesoul. Sa fille recevait des leçons du professeur de rhétorique de Vesoul. Ancien cuirassier de Reischoffen ; fait fonction de général.*

Figaro.	*Grand-Orient.*
—	—

M. PRÉTET, colonel au 56ᵉ d'infanterie,
à Chalon-sur-Saône.

Clérical, va régulièrement à la messe; a fait célébrer, pour là Toussaint, en 1902 et 1903, à l'église Saint-Pierre, un service funèbre pour les soldats du régiment morts à Châlon.	Clérical, va régulièrement à la messe; a fait célébrer, pour la Toussaint, en 1902 et 1903, à l'église Saint-Pierre, un service funèbre pour les soldats du régiment morts à Chalon.
A annoncé ce service par la voie du rapport.	A annoncé ce service par la voie du rapport, *en disant toutefois qu'il était facultatif.*
A déclaré, à propos de la circulaire relative aux actes confessionnels, que le ministre était responsable de cet ordre; l'a interprété en disant qu'il visait seulement les actes collectifs.	A déclaré, à propos de la circulaire relative aux actes confessionnels, que le ministre était responsable de cet ordre; l'a interprété en disant qu'il visait seulement les actes collectifs.
	Envoie son fils au collège communal, et son fils

Figaro.	*Grand-Orient*.
	assistait, le mercredi 13 avril 1904, aux obsèques civiles d'un ancien élève du collège.

M. NINOUS, colonel
au 9ᵉ d'infanterie, à Agen.

Se dit républicain, mais certains indices pourraient faire supposer qu'il est plutôt réactionnaire.	Se dit républicain, mais certains indices pourraient faire supposer qu'il est plutôt réactionnaire.
Depuis peu de temps à Agen.	Depuis peu de temps à Agen.
A besoin d'être encore étudié pour pouvoir se prononcer d'une façon ferme sur ses idées politiques et philosophiques.	A besoin d'être encore étudié pour pouvoir se prononcer d'une façon ferme sur ses idées politiques et philosophiques.
Passe pour être autoritaire.	Passe pour être autoritaire, *dur quelquefois avec ses officiers, mais frater-*

Figaro.	Grand-Orient.
	nel avec ses soldats. Travailleur et très intelligent.

M. MASSOUTIER, commandant au 40ᵉ d'infanterie, à Nîmes.

Ne fait pas de politique, mais laisse sa femme qui envoie ses enfants, au nombre de 6, dans les écoles congréganistes; partage d'ailleurs les opinions de sa femme, et va à la messe avec sa famille.	*Bon officier, bien noté.* Ne fait pas de politique, mais laisse sa femme qui envoie ses enfants, au nombre de 6, dans les écoles congréganistes; partage d'ailleurs les opinions de sa femme, et va à la messe avec sa famille.

M. HÉLOUIS, colonel H. C., État-major du 3ᵉ corps, 39ᵉ d'infant., à Rouen.

Parfait sous tous les rapports; excellentes opinions.	Parfait sous tous les rapports; excellentes opinions. *Homme de devoir, aménité parfaite.*

Figaro.	Grand-Orient.
—	—

M. MARTIN D'ESCRIENNE, commandant
au 4ᵉ tirailleurs, à Sousse.

Breton. Conduit sa famille aux offices du dimanche et y assiste; y est plutôt pour faire plaisir à sa femme très dévote.

Opinions réactionnaires. Dieu et mon roi, de quelque manière qu'il soit, pourvu que cela ne soit pas la République.

Philosophe facile, se moquant de tout et se fichant du reste. Serait à craindre s'il n'était pas ambitieux.

Breton. Conduit sa famille aux offices du dimanche et y assiste; y est plutôt pour faire plaisir à sa femme très dévote.

Opinions réactionnaires. Dieu et mon roi, de quelque manière qu'il soit, pourvu que cela ne soit pas la République. *Officier très instruit, très aimé de ses subordonnés. Homme d'intérieur sortant peu.*

Philosophie facile, se moquant de tout et se fichant du reste. Serait à craindre s'il n'était pas ambitieux.

Ainsi truquées, la plupart de ces fiches semblaient défavorables aux intéressés, alors qu'en réalité, non seulement elles n'auraient pas nui, mais n'auraient pu que donner une haute idée du caractère d'officiers qui — bons et dévoués pour leurs hommes — devenaient, de ce fait, sympathiques au ministre.

VIII

M. Vadecard accomplit sa période d'instruction militaire au ministère. — Le capitaine Lemerle me remplace temporairement.

Dans le courant de l'année 1901, M. Vadecard, secrétaire général du Grand-Orient, devait accomplir une période d'instruction de 13 jours comme territorial à un régiment d'artillerie de Paris.

Le général Percin décida qu'il l'accomplirait au Cabinet du Ministre, en qualité de secrétaire auxiliaire, et donna l'ordre écrit nécessaire au recrutement pour régulariser cette infraction à la règle générale qui veut que les réservistes et territoriaux accomplissent leurs périodes dans les corps auxquels ils sont affectés.

Au commencement de sa période, il se présenta au général Percin, qui parla longuement avec lui des renseignements que la maçonnerie nous procurait.

Jusque-là, nous n'en avions guère sollicité que sur les officiers supérieurs.

Il lui demanda s'il ne serait pas possible d'étendre le service, et de descendre jusqu'au grade de lieutenant.

M. Vadecard lui ayant répondu affirmativement, il en fut ainsi convenu, et le Secrétaire général employa sa période à donner au service toute son extension.

Vers la fin de l'année 1901, je me trouvai dans l'obligation de m'éloigner de Paris. Au cours de cette absence qui ne devait durer que quatre jours, le général Percin jugea inutile de me faire remplacer dans mon service.

Toutefois, pour ne pas interrompre l'arrivée des renseignements demandés, il fut convenu que le secrétaire général du Grand-Orient continuerait à m'adresser ceux qui arriveraient, et l'huissier du cabinet devait prendre chaque matin dans mon courrier les lettres ainsi reçues pour les remettre au général Percin.

12 octobre 1901,

« Mon cher ami,

« Je pars ce soir en permission de 4 jours « pour le Dauphiné. Il se peut que pendant

« cette absence vous ayez des renseignements à
« nous transmettre, notamment ceux que vous
« attendez de Tunis et aussi ceux concernant
« les officiers proposés comme professeurs à
« l'Ecole de Guerre. J'en ai parlé avec le gé-
« néral et il a été convenu entre nous deux
« qu'il ouvrira les lettres que vous m'adres-
« serez, facilement reconnaissables à ce qu'el-
« les sont bleues et portent la mention « per-
« sonnelle ».

« Vous pourrez donc continuer à m'écrire
« comme si je ne devais pas m'absenter.

« A vous de tout cœur, mon cher ami, et
« à bientôt.

« MOLLIN. »

(*Voir document ci-contre.*)

Bientôt je dus m'absenter à nouveau et
cette fois pour une vingtaine de jours. Le
général Percin ne voulant remettre mes

MINISTÈRE
DE LA GUERRE.

Cabinet
du Ministre.

RÉPUBLIQUE FRANÇAISE.

Paris, le 12 octobre 1901

GRAND ORIENT DE FRANCE
12 OCTO 1901
N° 8814

Mon Cher Ami,

Je pars ce soir en permission de 4 jours pour le Dauphiné. Il se peut que pendant cette absence vous ayez des renseignements à nous transmettre, notamment ceux que vous attendez de Tunis et aussi ceux concernant les officiers proposés comme professeurs à l'École de guerre. J'en ai parlé avec le général et il a été convenu entre nous deux qu'il ouvrira la lettre que vous m'adresserez, facilement reconnaissable à ce qu'elle sera bleue et portera la mention "personnel".

Vous pourrez donc continuer à m'écrire comme si je ne cessais pas m'absenter.

A vous de tout cœur, Mon Cher Ami, et à bientôt.

Mollieux

fonctions spéciales qu'à un officier en qui
j'aurais toute confiance, demanda au Ministre que le capitaine Lemerle, alors officier
d'ordonnance d'un général à La Rochelle,
fût désigné pour faire partie du cabinet, et
c'est lui qui me remplaça temporairement.

Je connaissais le capitaine Lemerle depuis longtemps, il avait été autrefois mon
lieutenant au 52e et m'avait toujours considéré comme un ami plutôt que comme un
subordonné. Ses idées étaient nettement anticléricales.

Je répondais de lui et c'est pour cela que
le général Percin le désigna pour me remplacer.

Pendant son intérim, il eut à demander au
Grand Orient des renseignements sur des
officiers qui lui étaient désignés par le général Percin.

Il le fit, comme moi, par correspondance.

La preuve en existe rue Cadet. Entr'autres:

« Avoir renseignements aussitôt que pos-
« sible sur capitaines du 3ᵉ zouaves : Ma-
« thieu, Renard; Savatier, Septans, tous au
« camp de Sathonay. »

(*Voir document ci-contre.*)

D'autres nombreuses preuves matérielles
de l'intérim du capitaine Lemerle existent
d'ailleurs, et quelques-unes ont même été
fournies par le *Figaro*.

Ainsi, ce journal, dans son n° du 28 octobre, a publié la photographie de la fiche
ci-après, volée au Ministère de la Guerre et
contenant des annotations complémentaires
et des cotes que « j'aurais ajoutées de mon
écriture irritée ».

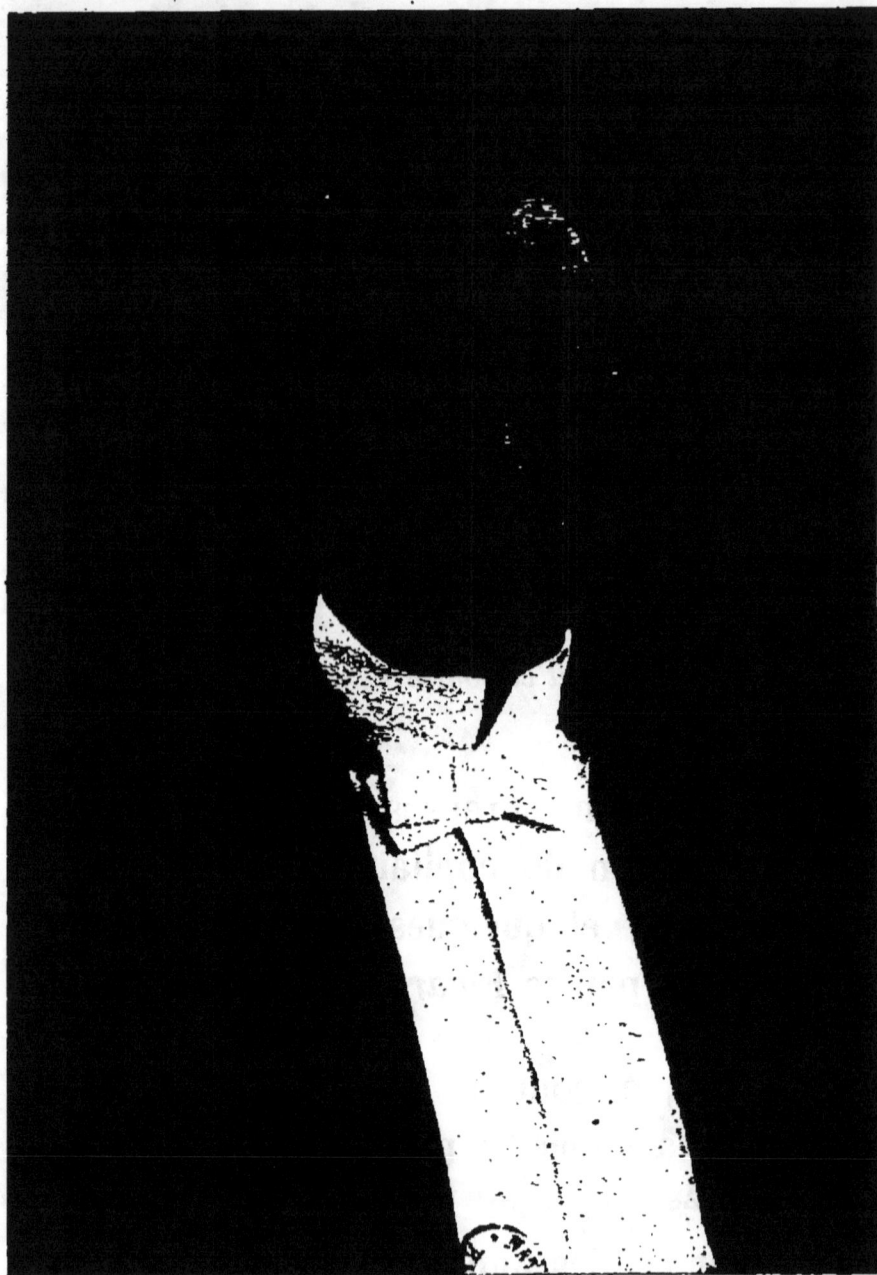

Phot. Nadar.

M. WALDECK-ROUSSEAU

MINISTÈRE
DE LA GUERRE
—
Cabinet
Du Ministre

GRAND ORIENT DE FRANCE
17 DÉCE 1901
No 11762

Avoir renseignts
aussitôt que possible
sur cap^{nes} du 3e zouaves
Mathieu, Renard,
Savatier, Septans,
tous au camp
de Sathonay.

9

Or, ces annotations complémentaires et ces cotes sont de l'écriture du capitaine Lemerle et non de la mienne.

Commandant BONNAN (J. L. C.) Brugères (se fera recommander par le général Bonnal). Clerical fanatique a débuté dès son arrivée à Bruyères en allant communier solennellement en famille. Sous son action, les officiers et les sous-officiers se sont mis à fréquenter assidûment l'église. Dans un conflit existant actuellement entre la municipalité et le curé qui a la prétention de faire venir au catéchisme à l'école libre les enfants des écoles laïques a pris ouvertement parti pour ce dernier; sa femme *fait le catéchisme* chez les sœurs.

Colonel BLANCHE F. M. (10ᵉ, Rennes) fils aux postes tr. mauv.

Artillerie

o Ct Bonnan Bruyères (

Clérical fanatique a débuté l[...]
allant communi[er] solennell[...]
avec les officiers et les sous-o[...]
arrondissement l'église = dans [...]
la municipalité et le curé que [...]
entretien[...] à l'école libre les [...]
ouvertement fort[...] pour le[...] dem[...]
chez les sœurs —

O Col Blanch[...] (10e Reims) fils a[...]

o Cd Pinte (Dunkerque) fils a[...]
M.C.R.F

o Cd Chevalier (Nice) très clér[...]
M.F réaction[...]

o Cd Lacroix (Lunéville) militan[...]
M.B

2 Chauve (Avignon[...]) [.E.]

fera (recommander par)
le g^{al} Bonnal

...son arrive à Brayères en
...eue en famille — sans son
...niers resout vous à fréquenter
...conflit existant actuellement entre
...a prétention de faire venir au
...riété des écoles laïques à pris
...; sa femme fait le catéchisme

...postes à main

...postes à main

...l, violent anti-dreyfusard, défend la
...loi à Nantes.

Colonel PINTE (M. C. R. F.) (Dunkerque) fils aux postes tr. mauv.

Colonel CHEVALIER M. F. (Nice) très clérical, violent antidreyfusard, défend la révocation de l'édit de Nantes.

Commandant LACROIX M. P. (Lunéville) militant.

CHAUPE (Remiremont), L. E. J.

Commandant JACQUET.

(*Voir le document ci-contre*).

L'époque à laquelle le capitaine Lemerle me remplaça était celle du travail d'avancement. Il fallait, par un résumé des fiches de chaque officier présenté ou par un signe convenu (crayon rouge ou crayon bleu) indiquer au général Percin la correction ou l'incorrection politique des candidats.

A mon retour au cabinet, le capitaine Le-

merle continua à collaborer au travail
d'avancement et, celui-ci terminé, il fut adjoint au commandant Dumay qui était
chargé du service de la correspondance générale.

IX

Le rôle du gendarme Thérèz.

Nous étions en 1902. Les élections générales approchaient, et on disait que M. Waldeck-Rousseau quitterait volontairement le pouvoir après les élections.

Il y avait au cabinet du Ministre un homme grotesque, le gendarme Thérèz, que le général André avait pris à son état-major particulier — on ne savait pourquoi, ni sur quelle recommandation. Que faisait-il là ?... On l'ignorait. Il emplissait le ministère du bruit de son outrecuidante faconde, et de ses bottes. De principes larges et de

conscience facile, peu intelligent, mais doué
d'une mémoire à faire rougir Pic de la Mi-
randole, il ne vivait que pour l'intrigue et
la réclame. Et, ce qu'il y a de plus bizarre,
c'est qu'il avait réussi, à force de tartari-
nades, à s'imposer au général Percin.

« Il l'avait dans sa poche » répétait-il.
D'autres disaient : dans ses bottes.

Ce fut lui qui provoqua le départ des
commandants Sarrail, Lejaille et Bérot qui,
successivement avaient été, au cabinet, char-
gés de la direction de l'infanterie. Il était
arrivé à ce résultat par persuasion ou en les
dégoûtant, et ils avaient quitté le ministère,
le premier pour aller commander l'Ecole de
Saint-Maixent, les deux autres pour prendre le commandement d'un bataillon de
chasseurs à pied. Son but, en provoquant
leur départ, était de mettre à leur place,
à la direction de l'infanterie, un ami —
l'Alexandre dont il se plaisait à se dire

l'Ephestion. C'était là en effet un service important et il comptait en y casant sa créature, s'y faire de nombreuses relations et jouer au gros personnage.

Il est indéniable que le général Percin se laissa aller à lui accorder toutes sortes de faveurs. Il suffisait que le gendarme lui fît présenter avec quelque insistance un ordre quelconque à signer, si arbitraire, si abusif qu'il fût, pour que par faiblesse ou suggestion, il le signât.

Un jour, devant le lieutenant-colonel B... qui était de passage au cabinet, Thérèz ajouta de sa propre autorité sur un rapport de mutations le nom d'un officier en disant : « Voilà comment nous servons nos amis ». Ce trait donne la mesure de ce dont il était capable.

Ex-nationaliste, maintenant soi-disant républicain, il n'était en réalité qu'un de ces féroces et nombreux arrivistes qui sous la 3ᵉ République pullulent autour des ministres et ministrables, et chez qui le désir de jouissance tient à lui seul lieu de principes.

Il accordait ses faveurs aussi bien aux réactionnaires qu'aux républicains, et un jour il me reprocha vivement mon intransigeance républicaine, en ajoutant qu'à cause d'elle jamais je n'arriverais à rien.

Ne pas reconnaître qu'il disait vrai serait manquer par trop d'esprit, aussi je m'empresse d'avouer, que mieux que moi il connaissait l'humaine-comédie et ses insondables lâchetés.

Il était au mieux avec un des chefs les plus influents du nationalisme qui venait le demander fréquemment au cabinet et avait, par son intermédiaire, obtenu entr'autres choses que son fils fût affecté au 74ᵉ à Rouen pour y accomplir son année de service militaire.

NUMÉRO de l'année scolaire 2	NOMS.		NOMBRE d'années de grade. 3	ÂGE 4	ORIGINE. 5	NUMÉRO de 6
	Etat Major — Ecoles					
1880	Chapus	cap.ᵉ	9	41	C	1
2203	Strasser	d.ᵒ	7	39	C	
311	Pique	lieut.	10	27	C	
2175	du Tem de S.ᵗ André	d.ᵒ	5	38	M	
2668	Bataille	d.ᵒ	5	40	M	
					20ᵉ COR	
4406	Renaud	d.ᵒ	2	43	M	18
1087	Collombier	d.ᵒ	10	36	C	19
1210	Rauscher	d.ᵒ	9	42	C	20

MODIFI-CA-TIONS. 7	NUMÉRO de CLASSE-MENT. 8	OBSERVATIONS.
		Colonies - Justice. M^re
		Nombre à Inscrire : 30
0	1357	25 voir la fiche Chine
"		25 d J Indo-chine
19	1122	25 - d° - oui
0	1354	25 voir la fiche chine ?
18.17	1039 / 1419	d° 5re Géographique oui

'S D'ARMÉE

		25 note pénible oui
12	212	22 fait 9
12	212	d. fait 7 oui

(Cliché du Figaro du 3 novembre 1904.)

Une particularité caractérisait le gendarme d'une façon toute spéciale : le désir de la vengeance. Il poursuivait avec férocité quiconque avait osé se mettre en travers de ses calculs ou de son ambition et quand on lui demandait l'explication de tel de ses actes qu'il dirigeait contre un tiers, il se bornait à répondre : « je me venge ». Et son visage prenait alors l'expression que celui de l'armurier Costecalde dut avoir lorsqu'il apprit que Tartarin avait fait l'ascension de la Jung-Frau.

Il avait voué une haine implacable à un de ses anciens chefs, et déclarait à tout venant que tant qu'il serait au cabinet du Ministre, ce chef n'avancerait plus. Le tort de celui-ci avait été de ne pas l'approuver dans une affaire louche, qu'il avait montée et dont l'échec lui avait valu une punition sévère. Par la suite il s'était fait présenter à un député, candidat ministre, célèbre par son excès de propreté et d'élégance, auquel il raconta ses déboires à sa façon, se posant en victime. Le député candidat ministre, bon enfant, l'écouta gravement en se récurant les ongles. Il accueillit ses dires et proposa au général André de le prendre à son cabinet.

Pour le plus grand malheur des officiers républicains et pour le sien, le général André accepta.

Plus tard, le député candidat ministre, devenu Ministre, devait dire au général André :

« Vous savez, votre gendarme, c'est une crapule. »

A quoi le général André répondit :

« Vous vous en êtes malheureusement aperçu un peu tard. »

Le gendarme Thérèz travaillant dans son intérêt personnel et non dans celui de la République et de l'armée, cherchait par tous les moyens à se faire des amis bien en cour, et grâce à la faiblesse du général Percin, il pouvait rendre de nombreux services aux députés, sénateurs, ministres, et puissants du moment.

Un jour la femme d'une haute personnalité politique demande au général André une faveur que celui-ci ne croit pas pouvoir lui accorder. On lui conseille alors de s'adresser à l'omnipotence du Ministère, le gendarme Thérez, qui obtient ce qu'elle désire par le général Percin, signant pour le Ministre et par son ordre, en qualité de chef du Cabinet.

Un député adresse par lettre une petite requête au général André. Cela ressort au service de l'Infanterie où le gendarme a les influences occultes que l'on sait. Il fait répondre par sa créature qu'il a fait mettre à la tête de ce service, une lettre banale de refus; mais se rend quelques jours après à la Chambre, et fait en sorte de se trouver sur le passage du député. Celui-ci lui témoigne sa surprise du refus qu'il a subi. Le gendarme joue l'étonnement, critique son ministre, promet au député qu'il lui fera donner satisfaction et, en effet, lui fait accorder ce qu'il lui avait fait refuser quelques jours auparavant à l'insu de son chef.

Mille traits semblables pourraient être cités. Son but était de susciter des ennemis au général André, de le discréditer auprès des hommes politiques, afin qu'il ne fît pas partie de la nouvelle combinaison ministérielle.

Selon toute vraisemblance il était d'accord avec le général Percin.

Il est difficile d'expliquer l'attitude de celui-ci, cependant l'hypothèse suivante pourrait bien être la vraie : Le général André n'est pas toujours agréable, surtout pour les personnes de son entourage immédiat; il est l'ennemi des faveurs et des passe-droits; son caractère a quelque chose de rêche et de dur, bien qu'au fond il semble porté à la bonté et compatissant aux petits: le gendarme savait très bien que si le général André avait connu seulement une partie des nombreux abus qu'il commettait soit en actes, soit en paroles, il ne les aurait pas tolérés et se serait débarrassé sans hésitation de ce déloyal serviteur; d'autre part, les relations autrefois très étroites entre les familles André et Percin étaient maintenant refroidies : se débarrasser du général André, et avoir à sa place un général qui remplirait l'office de soliveau, tandis que le général Percin et son acolyte seraient les véritables ministres, tel était leur plan, qui fut dévoilé par le gendarme Thérèz lui-même.

Le ministère Waldeck-Rousseau avait donné sa démission : entrant un jour en coup de vent dans le bureau de M. M...,

fonctionnaire civil du ministère, le gendarme
lui tint le propos suivant : « C'est le généra
« G... que nous allons avoir comme Minis-
« tre, nous lui dirons: tu ne parleras et tu
« n'agiras que quand nous te le dirons, en
« attendant, ne bronche pas et ferme la
« g... » Ce propos outragea fortement M. M...
qui est un fonctionnaire des plus corrects,
mais il dissimula le dégoût que lui inspirait
celui qui le tenait.

Cependant le ministère Combes était constitué et le général André en faisait partie
malgré les menées de quelques intrigants
de son entourage. La déception fut grande
chez le général Percin et surtout chez le gendarme qui se sentait compromis parce qu'il
devait craindre que quelques échos des
nombreux actes et propos que le Ministre
était en droit de lui reprocher ne parvinssent
jusqu'à lui.

Ceux qui, en serviteurs fidèles, s'étaient

efforcés de faire confier de nouveau le portefeuille de la Guerre au général André furent
l'objet de toute la haine du gendarme et du
général Percin.

La situation était tendue, le gendarme tenait les propos les plus menaçants contre
les officiers du cabinet qu'il soupçonnait de
l'avoir contrarié dans ses projets.

Il visait plus particulièrement certains officiers, parmi lesquels j'étais. Il nous accu-
sait de tout ce dont il peut être capable et
je n'en connais pas les limites.

De vagues bruits de lettres ouvertes furent mis en circulation contre ceux qui, au
ministère, étaient particulièrement dévoués
au général André, et le colonel F... fut nettement accusé. Insister sur l'inanité de telles
accusations serait superflu, car il est évident
que tout cela n'était que diversions: ou bien
la correspondance n'avait pas été ouverte,

ou bien elle l'avait été par ceux-là mêmes
qui avaient intérêt à faire des diversions.

Le duel Percin-Pollonais qui eut lieu à
quelque temps de là, ne fut lui-même qu'une
diversion.

Sur ces entrefaites je m'aperçus un jour
qu'il manquait des fiches.

Très inquiet, j'en rendis immédiatement
compte au général Percin, qui me répondit
d'une façon évasive, mais m'ordonna, toutefois, de lui remettre la liste des numéros qui
manquaient. se proposant de les rechercher
dans ses dossiers.

Je la lui remis le soir avant mon départ,
elle contenait une trentaine de numéros.

Le lendemain matin à mon arrivée, le général était comme d'habitude en promenade
à cheval.

Je retrouvai ma note dans le casier où il
mettait les papiers qu'il me destinait.

Phot. Pirou.

M. ÉMILE COMBES
Ministre de l'Intérieur, 1902-1905.

Elle portait la mention suivante écrite au crayon bleu : « Je n'ai rien retrouvé ». J'en fus fortement ému, car ces fiches avaient certainement été volées.

Elles ont été publiées par le *Figaro* dans ses numéros des 28, 29 octobre et 2 novembre.

A l'arrivée du général Percin je lui fis part de mon émotion. Il jugea indispensable d'acheter un coffre-fort.

Ainsi que je l'ai dit plus haut, les fiches et le registre étaient, en principe, chez le général qui les enfermait le soir dans ses tiroirs.

Quelquefois aussi je les enfermais dans les miens quand, par exemple, je partais du cabinet après le général. Mais elles devaient, en principe, être chez lui, et il m'est arrivé de trouver le matin une note ainsi conçue : « Vous avez encore gardé les fiches et j'ai été arrêté dans mon travail ».

Après l'achat du coffre-fort, les fiches y furent déposées. J'avais fait faire deux clefs semblables, le général en avait une, moi l'autre. Chacun de nous deux pouvait ainsi disposer des fiches à volonté.

Le général garda dans ses tiroirs son registre catalogue. Le mien était constamment tenu au courant et celui du général ne l'était que tous les quatre ou cinq jours, de façon à ne pas l'en priver à tout instant.

Le coffre-fort fut placé à côté de la porte de communication, dans mon bureau, parce qu'il n'y avait pas de place dans le sien. Quand il avait besoin des fiches d'un officier, il m'appelait pour les lui donner ou venait lui-même les prendre.

Le gendarme continuait à tenir sur le Ministre les propos les plus désobligeants et à proférer des menaces contre plusieurs officiers. Propos et menaces avaient dû parvenir depuis longtemps aux oreilles du géné-

ral André qui, sans doute, depuis assez longtemps aussi, avait pris la résolution de se
débarrasser de ce serviteur infidèle.

Le nom du gendarme a été prononcé une
seule fois entre le Ministre et moi. Ce fut au
cours du voyage qu'il fit à Clermont-Ferrand.
Prié par un officier, le commandant J... d'appeler sur son compte l'attention du Ministre
pour le tableau d'avancement, j'en parlai
au général. Mais il me répondit sur un ton
assez dur qu'il connaissait très bien les mérites du commandant J... : « Il est beaucoup
trop exigeant, appuya-t-il. Et puis, il est de
ceux qui, comme le gendarme, ont une tête
qui ne me revient pas. » Bien que l'argu-
ment fût sans valeur, je me gardai d'insister.

D'ailleurs, le général André avait de bon-
nes raisons pour que « le nez du gendarme
lui déplût ». Il se méfiait... trop tard, mais

enfin il se méfiait. Le machiavélisme du gendarme Thérèz — aussi grand que celui de son homonyme, la grande Thérèse Humbert — avait manigancé un imbroglio où la dynamite jouait son rôle.

Mais un jour vint où le Ministre crut devoir se séparer d'un de ses officiers d'ordonnance, le capitaine H... Le Gouverneur de Paris était venu trouver le Ministre pour lui rendre compte que malgré les ordres ministériels interdisant d'incorporer dans des corps de troupe de Paris les jeunes gens de la capitale appelés pour un an, deux soldats, ex-artistes dans un théâtre, étaient présents dans un des régiments du gouvernement militaire. Le Ministre ayant prescrit au Gouverneur de procéder à une enquête pour connaître comment ses ordres avaient été violés, celui-ci revint quelques jours après lui dire que ces deux jeunes gens étaient des protégés du capitaine H..., qui avait obtenu du général Percin la faveur dont ils jouissaient.

Le Ministre prescrivit au Gouverneur de les faire partir immédiatement pour la portion centrale de leur corps, en province.

Quelque temps après, le Gouverneur venait de nouveau protester auprès du général André. Malgré l'ordre qui avait été donné, non seulement les deux soldats n'étaient pas partis en province mais ils avaient été nommés secrétaires dans les bureaux du cabinet du Ministre. C'était un peu trop fort, il faut bien l'avouer.

Le général André furieux, fît venir le directeur de l'Infanterie qui lui apporta l'ordre signé du général Percin, mais écrit de la main du capitaine H... A ce moment le général Percin était lui-même parti en permission.

Le Ministre manda le capitaine, lui annonça qu'il avait décidé de se séparer de lui et l'affecta à un bataillon de chasseurs de province. Il ne voulait pas qu'il restât dans un

corps de Paris, parce qu'il craignait la campagne qu'il ne manquerait pas de mener
contre lui auprès des députés, et dans les
salles de rédaction de certains journaux où
il s'était fait des relations. Mais le capitaine H... préféra donner sa démission plutôt que de rejoindre son corps, et quelque
temps après, grâce à l'appui du directeur
d'un grand journal et sans doute aussi à
celui d'autres personnalités politiques, il
était nommé fonctionnaire de l'administration des Finances.

Le capitaine H... quitta donc l'armée. Et,
de ce jour, comme par hasard, on ne revit
plus le gendarme rue St-Dominique.

X

Le général Percin décide de ne plus avoir de secrétaire particulier. — Je suis chargé de la direction de l'Infanterie. — Entrevue du général Percin et de M. Waldeck-Rousseau. — Hypothèses.

A ma rentrée de permission j'avais repris mes fonctions spéciales. Le général Percin était lui-même en vacances depuis quelques jours à St-Georges de Didonne, près Royan.

Le lieutenant de vaisseau Violette avait as-

suré mon service pendant la durée de ma
permission. Jusqu'au départ en villégiature
du général Percin, et comme précédemment
la capitaine Lemerle pendant son intérim, il
avait eu à demander par lettre au Grand-
Orient des renseignements sur les officiers
qui lui étaient désignés par le général.

23 juillet 1902.

T∴ C∴ F∴ Vadécard,

« J'ai la fav∴ de vous demander une note
« sur la personne indiquée ci-contre,
    « Bien frat. et affectueusement à vous.

H. VIOLETTE. »

(Voir le document ci-contre).

Chaque fois que le chef de cabinet s'absen-
tait je devais ouvrir son courrier tous les
jours, retenir les lettres d'ordre purement

GRAND ORIENT DE FRANCE 23 Juillet 1902

MINISTERE
DE LA GUERRE.

2 VIII 1902

Nº Cabinet 4878

du Ministre &.·. C.·. F.·. Vadecard

J'ai l'honneur de vous demander
une note sur la personne
indiquée ci contre
bien fait en affectueusement à
vous.

Nioller

(Cliché du « Journal »).

militaire et leur faire donner la suite qu'elles comportaient. Je ne lui expédiais que celles qui offraient un intérêt particulier ainsi que celles provenant des membres de sa famille. A cet envoi, et conformément à l'ordre que j'en avais reçu, je joignais les journaux auxquels il était abonné, ainsi que le compte rendu de la presse.

De temps à autre il m'arriva d'y joindre une lettre personnelle. Lui-même jusque-là m'avait écrit fréquemment des lettres très affectueuses et d'un complet abandon.

Contrairement à sa conduite antérieure il ne m'écrivit pas pendant tout le reste de son absence. J'en conclus que ce que m'avait dit M. Violette était exact, à savoir que le général était furieux du départ du capitaine H... et nécessairement de celui du gendarme. Mais pourquoi m'en rendre responsable en quoi que ce fût? J'étais resté complètement étranger à ce double renvoi.

Je savais par exemple que le gendarme, lui, m'avait voué une haine particulière. Je n'en étais d'ailleurs pas autrement surpris, car cette haine qui correspondait à mon mépris, s'expliquait par la radicale dissemblance de notre caractère et de notre mentalité. Il m'en voulait d'être à ses actes et à ses propos une protestation constante quoique silencieuse.

Le général Percin à son retour ne nous dissimula pas son irritation qui était vraiment trop grande pour que les motifs en fussent sincères.

Il m'avait jusque-là traité avec une bienveillance particulière, son attitude changea, et pendant quelque temps j'eus à souffrir de sa malveillance. Il faut du reste ajouter que cette malveillance s'étendait à presque tous les officiers du cabinet.

Le lendemain même de son retour, ayant réuni tous les officiers dans le bureau du Sous-Chef, il nous dit que puisqu'on (qui *on*?) trouvait que le cabinet avait pris trop d'importance au détriment des directions??, lui, Chef du cabinet, ne ferait plus rien de sa propre initiative et, que de nouveau, les directions feraient tout???

« Je cesse, dit-il, d'avoir un secrétaire particulier, et je charge le capitaine Mollin de la direction de l'Infanterie. »

C'était le service dont était chargé le capitaine H., renvoyé.

Or, le capitaine Lemerle, adjoint au commandant Dumay, avait exprimé le désir de prendre le service du capitaine H... Lemerle était absent ce jour-là. D'autre part je ne tenais pas à cette succession.

Je pris donc la parole pour dire:

« Mon général, le capitaine Lemerle a
« manifesté le désir d'avoir ce service, et
« personnellement je serais heureux qu'un
« autre que moi en fût chargé. »

Mes paroles furent appuyées par le commandant Dumay prié par Lemerle de faire
connaître son désir au général. Mais celui-ci
ne voulut rien entendre, et nous répéta sur
un ton qui n'admettait pas de réplique, que
ce serait moi et pas d'autre qui serais
chargé de la direction de l'Infanterie.

Lui ayant demandé dans le courant de la
journée des ordres au sujet du service des
renseignements, il réfléchit un instant, puis
me répondit que je continuerais à le tenir,
et que je viendrais chaque jour pendant une
heure ou deux, avec mon secrétaire, travailler dans le salon où étaient les fiches et où

furent laissées ma table de travail et celle de
mon secrétaire.

Le reste du temps, je me tenais dans un
des bureaux ordinaires du cabinet pour assurer le service de la direction de l'Infanterie. Ce service et celui des renseignements
constituaient une tâche journalière des plus
lourdes, que j'ai accomplie pendant deux
années.

Le général s'était d'ailleurs rendu compte
de la lourdeur de ma tâche, car il m'avait
autorisé à avoir deux secrétaires.

*
* *

C'est à cette époque, c'est-à-dire vers la
fin de 1902, qu'il faut rechercher la clef de
l'énigme devant laquelle on se trouve, quand
on rapproche la note de M. Waldeck-Rousseau, parue dans le *Figaro* du 3 novembre,

sur l'entretien qu'il aurait eu avec le général Percin le 24 décembre 1902, de la lettre que le même général Percin écrivait à
M. Vadecard le 18 janvier de la même année.

Cette note est la suivante:

35, rue de l'Université,

24 décembre 1902.

« Reçu la visite du général Percin. Au
« mois de septembre, le capitaine Humbert,
« venu à Corbeil pour m'entretenir de la si-
« tuation difficile qui lui était faite, me don-
« nait incidemment sur certaines pratiques
« du cabinet cette indication: que certains
« correspondants spontanés étaient trop
« écoutés lorsqu'il s'agissait de connaître
« les opinions politiques de certains offi-
« ciers. Aujourd'hui, le général Percin a été

« plus explicite. Il m'a dit qu'un officier du
« cabinet, M. Mollin, recevait des loges des
« notes sur les officiers, qu'elles servaient
« à établir des fiches. Personnellement, il
« n'a jamais tenu compte de certains ren-
« seignements, mais on est arrivé à faire
« figurer sur les feuilles contenant ceux qui
« concernent les titres des officiers une co-
« lonne d'appréciations renvoyant à la fiche
« établie. Le général Percin me demandait
« s'il devait donner sa démission. J'ai vu à
« cette solution des inconvénients que je lui
« ai fait apercevoir. On attribuerait son dé-
« part à de toutes autres raisons que celles
« qu'il pourrait indiquer, car il y a, paraît-il,
« auprès du ministre, un parti qui le repré-
« sente comme desservant son chef pour le
« remplacer. Mais je lui ai dit que s'il de-
« vait, à mon sens, rester à son poste, il de-
« vait refuser catégoriquement de se prêter
« à des pratiques aussi « extraordinaires,

M. LAFFERRE, Député,

Président du Conseil de l'Ordre du Grand Orient (1904-1905).

« aussi *blâmables* et aussi *inadmissibles* »
« que celle qu'il me signalait, et de laisser
« figurer dans les renseignements person-
« nels ceux puisés aux sources les moins au-
« torisées et qui pouvaient être les plus sus-
« pectes. J'admettais très bien que les pré-
« fets, représentants du pouvoir central,
« fussent consultés pour les avancements
« importants. Ils offrent des garanties et ils
« sont responsables, mais personne ne pour-
« rait imaginer qu'on fît état des renseigne-
« ments fournis par le premier venu. La
« délation n'avait pas besoin d'être encoura-
« gée. Le général m'a promis qu'il se con-
« formerait à la ligne de conduite que je
« lui indiquais.

« 30 décembre. — Vu Combes. Je lui ai
« rapporté la conversation précédente. Mon
« avis est que le procédé mis en vigueur à
« la guerre est inadmissible et déchaînera

11

« de légitimes colères quand il sera connu.
« Combes en convient. Il ne connaissait pas
« les feuilles avec renvoi aux fiches. Tout
« cela doit cesser; mais il attend Delpech
« après les élections sénatoriales. »

(Voir le document ci-contre)

Quant à la lettre adressée à M. Vadecard
et insérée plus haut, le général Percin y disait notamment:

« ... Je voudrais, cher Monsieur, que
« vous me demandiez trente choses possi-
« bles plutôt qu'une seule irréalisable. Ce
« serait un vrai bonheur pour moi de vous
« témoigner ma reconnaissance pour les
« services que vous nous avez rendus et de
« vous prouver mon bien affectueux atta-
« chement. »

Ainsi, d'après la note de M. Waldeck-Rousseau il paraît être resté étranger aux

33 rue de l'Université

24.X.1930

. . . .

Lui a-t-il fait [illegible] : [illegible]

[illegible] à [illegible] [illegible] [illegible] que

celles qu'il pourrait [illegible]. [illegible]

l'avait-il [illegible] [illegible] [illegible]

[illegible] qui le représente comme un [illegible]

[illegible] pour les [illegible] [illegible]

a dit que s'il devait à [illegible] [illegible] [illegible]

[illegible], il devait [illegible] catégoriquement

de se [illegible] à des [illegible] aussi "extra-

ordinaires, aussi *[illegible]* et aussi *incon-*

[illegible]" que celle qu'il me représente, et

qu'il [illegible] figurer dans les [illegible]

[illegible] [illegible] [illegible] [illegible]

[illegible] [illegible] [illegible] [illegible]

[illegible] [illegible] [illegible] [illegible]. J'ad-

mettrais [illegible]. [illegible] [illegible] [illegible]

demandes de fiches au Grand-Orient, il critique qu'on s'en serve pour le travail d'avancement, dit qu'il n'a jamais tenu compte personnellement de certains renseignements, et il pose la question de sa démission comme si sa conscience était révoltée.

Or, je n'avais été dans le service des renseignements que l'ouvrier qui accomplit la tâche qu'on lui a délimitée, et c'est même lui qui avait donné à la partie du service ressortant au Grand Orient toute son ampleur, en demandant personnellement qu'on l'étendît jusqu'aux lieutenants inclusivement, au lieu de s'en tenir seulement aux officiers supérieurs. Quant à l'assertion qu'il n'a personnellement jamais tenu compte de certains renseignements, que signifie-t-elle ?

Jamais il n'a été fait usage des fiches en dehors de son ordre, et c'est lui qui indiquait d'une façon précise à son secrétaire particulier, que celui-ci fût Lemerle ou moi, comment il fallait lui présenter les états de fusionnement, et quelles étaient les indications à y porter.

C'est lui seul qui, après avoir apprécié les modifications que devaient apporter aux propositions des chefs hiérarchiques les renseignements d'ordre politique contenus dans les fiches et résumés sur les états d'avancement, faisait des propositions au Ministre. Et 97 fois sur 100, le Ministre les acceptait.

Sans s'arrêter à ce qu'une démarche telle que celle qui a été révélée a de blâmable en elle-même, comment peut-on l'expliquer ? Deux hypothèses sont vraisemblables :

1° Le général Percin connaissant le vol des fiches et prévoyant qu'elles seraient un jour publiées, a voulu, dès ce moment, se ménager une ligne de retraite en paraissant désavouer le système;

2° D'accord avec certains personnages

politiques, il a voulu créer le scandale tout
de suite, et par une démission retentissante
renverser le Ministre et peut-être le ministère. Il y a lieu de se rappeler, en effet, que
pour beaucoup de gens, le ministère Combes devait être un ministère de liquidation
de la loi sur les congrégations et ne devait
durer que six mois. Il venait justement de
dépasser ce terme fatal, et le général Percin était en relations personnelles avec des
adversaires de la politique suivie par le
ministère.

Dans tous les cas, rien que dans les documents publiés par *Le Figaro* nous allons
pouvoir trouver de quoi confondre le général Percin.

En effet, qui est-ce qui, sur l'état K ci-
dessous, publié par ce journal dans son
n° du 3 novembre dernier, a mis les *oui*
en face des noms qui ont été maintenus, et

qui est-ce qui a proposé de franchir tel et tel candidat ? mais c'est le général Percin, car, je le répète, c'est *lui seul* qui faisait des propositions et 97 fois sur 100, le Ministre les acceptait.

(Voir le document ci-contre)

Il doit cependant y avoir sur ce document un *oui* du Ministre, celui qui a été inscrit en face du dernier nom en remplacement du point d'interrogation que le général Percin y avait mis, disant ainsi au Ministre: « Décidez vous-même ». Et comme ce candidat avait 42 ans d'âge, le Ministre l'a préféré à celui qui le précédait immédiatement et qui n'avait que 36 ans d'âge.

Où donc est le mal ?

Quant aux annotations contenues dans la colonne « observations », M. Gaston Calmette en me les attribuant est vraiment bien charitable, mais j'ai beau y mettre toute la bonne volonté, je ne peux pas parvenir à reconnaître mon écriture.

Par contre, il est facile de reconnaître que celles qui sont inscrites en face des trois derniers noms sont, à n'en pas douter une seconde, du général Percin.

*
* *

En vérité, cette attitude du général Percin est stupéfiante, et pour qu'il l'ait prise il fallait vraiment qu'il eût perdu la raison, car enfin comment pouvait-il espérer que la vérité ne finirait pas par se savoir. Pensait-il donc comme le général Gonse :

« Si vous ne le dites pas on ne le saura jamais ? »

Peut-être, nos généraux ont une substance grise si spéciale !

Rien ne perça au cabinet des dispositions nouvelles que cette entrevue révélait chez lui et on peut affirmer que, vis-à-vis de moi, il fit, en cette circonstance, preuve de duplicité. Car si réellement des scrupules lui étaient venus, pourquoi continuait-il à faire usage des fiches ? Pourquoi persistait-il à recueillir lui-même des renseignements ? Pourquoi me chargeait-il toujours d'en demander au Grand-Orient ? Pourquoi restais-je chargé de l'ensemble du service ?

Il n'avait qu'à brûler les fiches ou à les remettre au Ministre, ou brûler celles qu'il avait reçues directement et renvoyer celles qui provenaient du Grand-Orient.

Et quoi de plus pitoyable au point de vue militaire que ce chef qui va se plaindre faussement et irrégulièrement à une personnalité qui, si grande que fût son autorité, avait d'autant moins à intervenir dans cette affaire qu'elle n'était plus chargée de la présidence du Conseil ?

*
* *

Ainsi, mon général, vous avez osé vous faire l'accusateur de vos subordonnés et insinuer qu'ils vous imposaient telle ou telle méthode, quand au contraire ils ne recevaient d'ordres que de vous-même et ne les transgressaient jamais. Vous avez trahi votre chef qui, s'il avait connu l'existence de scrupules chez son sous-ordre, se serait certainement empressé de prendre les mesures propres à les sauvegarder. Vous avez rejeté sur d'autres une œuvre qui était surtout la vôtre et pour l'accomplissement de desseins qu'il est difficile de saisir nettement, mais qui ne pouvaient être que gravement coupables.

Vous n'avez pas craint, pour cela, de vous unir à des hommes sans scrupules et de

préparer l'écrasement d'un innocent : C'est
une action abominable, et quand on songe
qu'elle a été accomplie par un général républicain, on ne peut être que profondément
attristé. Est-ce que jamais un de vos officiers se permit de ne pas exécuter un de
vos ordres, mon général ? Non n'est-ce pas?
Eh bien alors ! Allez, vous êtes bien coupable, et si aujourd'hui votre conscience
n'est pas tenaillée par le remords, je vous
plains.

*
* *

Les prétendus conseils de M. Waldeck-
Rousseau furent suivis en ce qui concernait
la démission, mais ne le furent pas en ce qui
concernait le travail d'avancement, qui fut,
comme celui de 1901-1902, élaboré en te-
nant compte dans une prudente et sage mesure des nombreux renseignements qu'on
possédait alors et qui, presque tous, avaient

été recoupés, contrôlés plusieurs fois et
étaient, en plus, maintenant, vérifiés par
ceux qu'on demandait aux préfets pour les
grades supérieurs. En principe, quand il y
avait contradiction entre les informations
provenant de la voie préfectorale et celles
provenant d'autres sources, c'étaient celles
de la voie préfectorale qui servaient de
base, sans que cependant ce principe fût
absolu, car, dans quelques cas, certains renseignements particuliers étaient considé-
rés par le Chef de cabinet et le Ministre
comme supérieurs à tous autres.

Deux années d'un travail ininterrompu
permettaient d'être à présent éclairé d'une
façon précise sur la correction politique
des officiers que les notes militaires, la situation d'âge et l'ancienneté de grade, permettaient de considérer comme de futurs
candidats à l'avancement au choix. Il était

inutile de se renseigner sur les officiers que
la médiocrité des notes militaires, l'âge trop
avancé ou l'ancienneté de grade trop forte,
condamnaient fatalement à n'avancer qu'à
l'ancienneté. On était éclairé sur à peu près
tous les officiers ayant une valeur technique reconnue, avouée par leurs notes militaires.

Républicaniser l'armée était maintenant
une chose possible : dans cette masse d'officiers de choix, dépassant au moins de dix
fois les besoins, il n'y avait plus qu'à désigner, pour les tableaux d'avancement, ceux
dont le loyalisme envers nos institutions
était certain. En agissant ainsi un Ministre
ne fait que son devoir, et pour blâmer cette
œuvre il faut être dupe ou complice.

Ont été dupes tous ceux (ils sont légion)
qui ne connaissent rien aux choses de l'armée, et complices tous ces députés ex-offi-
ciers qui, eux, les connaissent.

Deux raisons justifient cette assertion: un Ministre doit avoir le droit de tout savoir et l'avancement au choix n'est pas un droit. La première sera peut-être contestée, mais la seconde ne le peut pas: car le droit pour tous, c'est l'avancement à l'ancienneté.

Le choix a toujours été et ne peut être qu'une faveur à cause du grand nombre de candidats qui ont une valeur professionnelle identique ou équivalente, et du petit nombre d'élus nécessaire.

Dès lors, le devoir strict d'un Ministre de la Guerre républicain, n'est-il pas d'inscrire uniquement au tableau d'avancement des officiers capables au point de vue professionnel, mais en même temps animés de sentiments républicains ou tout au moins parfaitement corrects.

Sur cette vérité si évidente, il a suffi qu'on jetât le mot « délation », et qu'on lût à la tri-

bune quelques lettres qui, hélas ! n'étaient
point destinées à un si triste honneur, pour
que ce pays, abusé, réprouvât.

* *

En apparence, le général Percin ne laissa
donc rien voir au cabinet de ce que sa démarche auprès de M. Waldeck-Rousseau
laisse supposer de la défaveur dans laquelle
était tombée dans son esprit l'œuvre que le
Ministre et lui avaient créée et à laquelle je
n'avais fait que collaborer.

Cependant, il paraîtrait qu'il se serait
plaint à l'extérieur et aurait fait part de ses
scrupules à plusieurs personnes.

Une lettre du lieutenant-colonel Hartmann
parue dans le *Figaro* du 30 octobre révèle
une scène qui se serait passée entre le général et moi, et au cours de laquelle j'aurais
été menacé de 15 jours d'arrêts pour ne pas
vouloir me dessaisir des fiches.

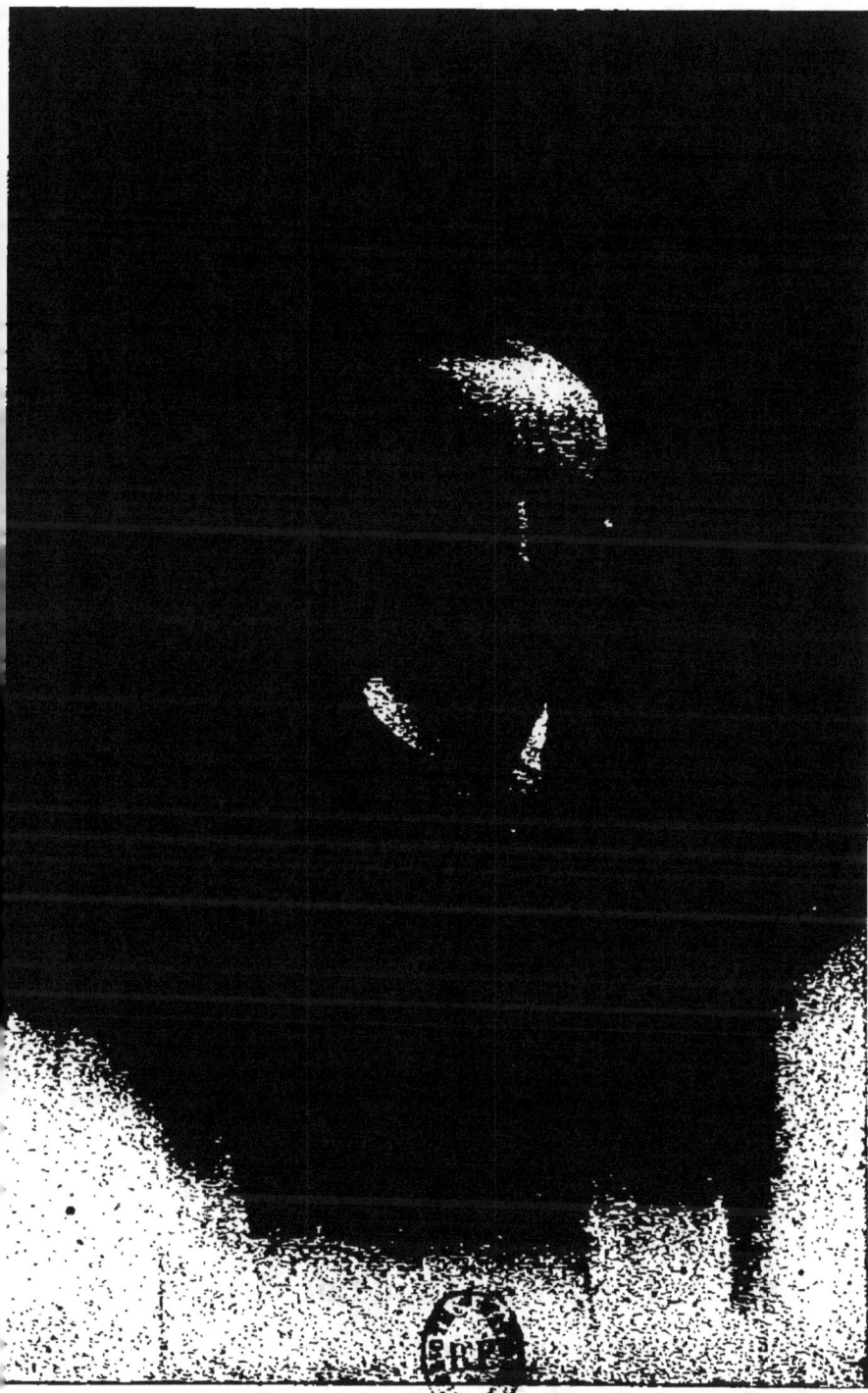

Phot. Pirou.

M. GUYOT DE VILLENEUVE, Député.

11*

Voici d'ailleurs cette lettre:

« Monsieur le Directeur,

« M. le Ministre de la Guerre a dit hier à
« la Chambre:

« Je blâme très énergiquement les agis-
« sements qui viennent d'être dévoilés de-
« vant vous...

« Si je constate que les choses se sont
« passées comme vous le pensez, je com-
« mencerai par prendre les mesures...

« Je vous assure que si je constate la
« réalité de ces choses, je n'hésiterai pas
« une minute à considérer que ma respon-
« sabilité est engagée.

« M. le général André connaît ces agisse-
« ments depuis longtemps.

« Il sait bien que les fiches secrètes d'offi-
« ciers ont été conservées jusque vers la fin
« de 1902 dans le bureau du capitaine Mol-
« lin; qu'à cette époque le général Percin a
« voulu les enlever à cet officier; que celui-

« ci, même menacé d'arrêts, a refusé de les
« donner, en invoquant qu'il était le repré-
« sentant du Grand-Orient auprès du minis-
« tre; que le conflit lui a été soumis, à lui
« général André, et qu'il s'est borné à ré-
« pondre au chef de cabinet qu'il n'enten-
« dait pas se brouiller avec le Grand-Orient;
« que quelque temps après le général Per-
« cin, mettant à profit une absence du capi-
« taine Mollin, a fait transporter d'autorité
« les fiches secrètes dans une pièce secrète
« attenante à son bureau.

« Veuillez agréer, etc.

« L. HARTMANN,
« Lieutenant-Colonel d'artillerie
« en retraite. »

Cette scène est entièrement inventée, et si
réellement le général Percin l'a racontée, je
lui donne un démenti formel. Si elle a eu lieu,

mon secrétaire en a forcément été le témoin, puisqu'il travaillait dans la même pièce que moi et aux mêmes heures.

J'affirme de la façon la plus nette que jamais aucune scène n'a eu lieu et qu'aucune difficulté ne s'est jamais élevée entre le général et moi au sujet des fiches.

Tel que le service était organisé il ne pouvait d'ailleurs surgir aucun incident à leur sujet, puisque celles-ci étaient déposées dans un coffre-fort dont nous avions chacun une clef nous permettant de l'ouvrir à volonté.

Quant à l'assertion que le général Percin aurait profité d'une de mes absences pour transporter d'autorité les fiches dans une pièce secrète attenante à son bureau, on verra par la suite ce qu'elle vaut.

Cette scène a été inventée uniquement

pour appuyer, corroborer la démarche coupable faite auprès de M. Waldeck-Rousseau,
de même que tout ce que le général a pu
dire par la suite de défavorable sur les fiches
de renseignements, a été la conséquence fatale de cette faute.

XI

Les fiches sont transportées dans mon bureau. — Fonctionnement du service.

Les fiches restèrent dans le coffre-fort jusqu'au moment de la réouverture de l'affaire Dreyfus.

Le capitaine Targe chargé de cette affaire ayant obtenu l'autorisation de prendre possession du salon où se trouvait le coffre-fort, demanda quelque temps après au général Percin, la permission d'en disposer pour enfermer certaines pièces très importantes du procès Dreyfus.

Le général y consentit et m'invita à faire confectionner par le service intérieur du ministère une armoire fermant à cadenas qui fut placée dans mon bureau et dans laquelle furent enfermées les fiches.

Quand le général désirait en consulter quelques-unes, il me les demandait par une note qui m'était apportée par les garçons de bureau ou me faisait appeler.

Comme par le passé, quand il était question de propositions pour les écoles, et d'une façon générale chaque fois qu'il s'agissait d'un poste de choix, les fiches étaient en principe jointes aux dossiers qui, après avoir été vus par le chef du cabinet, étaient soumis au Ministre.

Les directions avaient été invitées à présenter plusieurs candidats (3 en moyenne) pour chaque vacance à combler.

L'officier d'ordonnance faisait des propositions d'après l'ensemble des renseignements qu'on avait, le Chef du Cabinet appuyait ou en faisait de nouvelles et le Ministre décidait.

Ce système, ainsi basé sur la capacité technique affirmée par la proposition régulière des chefs militaires, et sur la correction politique indiquée par les fiches, ne pouvait donner que des résultats excellents.

Aussi, dans chaque corps un noyau d'officiers républicains s'était formé et l'esprit de l'armée se modifiait sensiblement.

Le travail d'avancement de 1903-1904 fut établi d'après la même méthode que les précédents, et pour avoir la preuve que le général Percin utilisait beaucoup les renseignements politiques, il suffirait de consulter certaines pièces qui existent. Elles consti-

tuent, s'il en est encore besoin, une preuve
matérielle établissant que dans le service des renseignements je n'ai été que
l'agent d'exécution du général Percin.

XII

Un grand journal publie prématurément le tableau d'avancement des capitaines d'infanterie. — Une brochure.

Au moment du dernier travail d'avancement et quelques jours après que le tableau des capitaines d'infanterie pour chefs de bataillons eût été envoyé à la direction de l'Infanterie pour être complété quant aux détails et recevoir la forme sous laquelle il devait paraître à l'*Officiel*, nous fûmes avisés un soir au cabinet, qu'un grand journal du matin était en possession de ce tableau et devait le publier le lendemain.

Afin de détourner les soupçons, cet organe quotidien avait envoyé une copie du tableau à deux autres journaux avec prière de le publier en même temps que lui.

L'un d'eux, hésitant à faire une telle publication qui pouvait avoir des conséquences graves, vint nous avertir.

Le lendemain, le tableau paraissait dans le grand journal du matin.

Le ministre fit faire par le général Percin une enquête qui, matériellement, établit que la communication avait été faite par quelqu'un de la direction de l'Infanterie et non par quelqu'un du cabinet.

Le général directeur n'ayant pu retrouver le coupable, le Ministre le renvoya ainsi que son officier d'ordonnance. Le gendarme

Théréz était probablement pour quelque chose, dans cette publication. Quoi qu'il en soit, dès le lendemain, le grand organe quotidien — avec lequel ses accointances étaient bien connues — eut l'audace de dire que l'auteur de l'indiscrétion se trouvait dans l'entourage immédiat du Ministre et appartenait à l'association maçonnique.

Etant directement visé, je voulus envoyer des témoins; mais le Ministre s'y opposa, me disant qu'il ne pouvait admettre que j'allasse sur le terrain avec un gendarme. Quant au général Percin, il ne me dissimula pas non plus en quelle estime il le tenait. « Vous vou-« lez, me dit-il, aller sur le terrain avec « lui ? Mais ce serait grotesque ! » Très bien, mais alors pourquoi, contre son Ministre, s'était-il uni à un homme qu'il considérait si peu?

Le gendarme put donc continuer ses conspirations contre le cabinet, et il répétait à tous les échos qu'il aurait la peau *(sic)* du Ministre, la mienne, celle des commandants Bernard, Jacquot, Lejaille et de plusieurs autres officiers.

Quelques mois avant ces derniers incidents, et sous la signature d'un directeur de journal, une brochure avait paru dans laquelle un ancien officier d'ordonnance du général André exposait que son renvoi du cabinet était dû à une calomnie. Il aurait été accusé d'avoir « mangé la grenouille » étant sergent-major, et cette accusation aurait été portée à tort contre lui, attendu que c'est un homonyme du n° régiment qui aurait commis cette faute et non lui. Le gendarme, qui aimait cet officier comme un autre lui-même, protestait véhémentement dans les bureaux contre des accusations que le Ministre ignorait, d'ailleurs, lorsque sa décision avait été prise.

— Quoi!... clamait-il du haut de ses bottes,

on lui en veut surtout parce que c'est un ancien garçon de brasserie!... Eh bien! ce gail-
lard-là !... c'est moi qui vous le dis... finira
au bagne ou président de la République!...

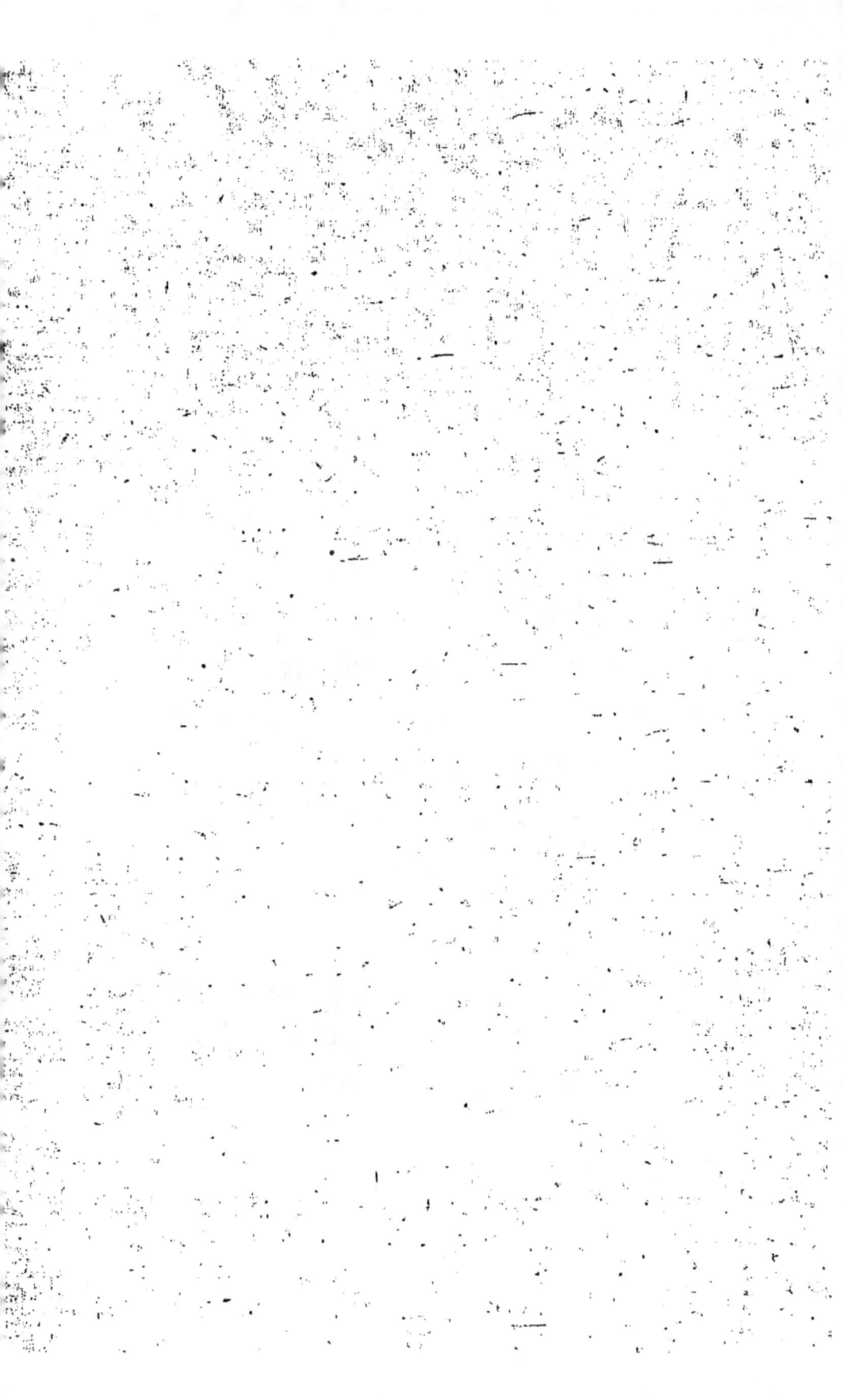

XIII

Le général Percin quitte les fonctions de chef de cabinet pour prendre le commandement d'une division. — Il est remplacé par le colonel Valabrègue. Un journal commence la campagne contre le général André. — Séance de la Chambre du 28 octobre 1904.

Nous sommes en 1904. Le général Percin qui était arrivé comme colonel en 1900 au cabinet du Ministre, était maintenant général de division.

Il s'était affecté à une division du Gouvernement militaire de Paris, et devait en prendre le commandement dans le courant du premier semestre. Le colonel Valabrègue avait été choisi par le Ministre pour le remplacer.

Avant son départ, le général Percin me chargea de demander des renseignements sur tous les officiers de la division dont il allait prendre le commandement.

Je le fis par la lettre ci-dessous dictée à l'un de mes secrétaires:

« *Paris, le 26 mars 1904.*

« Mon cher Ami,

« La liste ci-jointe est celle des officiers de la division du général Percin. Il serait très heureux d'être renseigné sur chacun d'eux et m'a chargé de m'adresser à vous.

« Votre bien affectueusement dévoué,

« MOLLIN. »

(*Voir le document ci-contre*)

M. JEAN JAURÈS, Député.

MINISTÈRE
DE LA GUERRE.

Cabinet
du Ministre

RÉPUBLIQUE FRANÇAISE.

Paris, le 26 Mars 1904

Mon cher Ami,

La liste ci-jointe est celle des officiers de la Division du Général Percin. Il serait très heureux d'être renseigné sur chacun d'eux et m'a chargé de m'adresser à vous.

Votre bien affectueusement dévoué.

Mollin

43

La liste envoyée comprenait trois cents officiers environ.

Le général avait fait établir par son futur officier d'ordonnance un registre-catalogue de tous les officiers de sa division. Le tracé comportait une large colonne pour les renseignements politiques.

Je fis d'abord inscrire ceux que nous possédions et je complétai au fur et à mesure qu'ils parvenaient.

Comme la totalité des renseignements mettait assez longtemps à venir, il me renvoya par trois fois son catalogue (il avait à ce moment pris le commandement de sa division).

La deuxième fois qu'il me le retourna pour être mis à jour, j'étais retenu chez moi, malade. Le commandant Coste qui me remplaçait le reçut. Mes secrétaires lui expliquèrent de quoi il s'agissait.

Un journal avait commencé sa campagne

contre le général André, son entourage et quelques autres officiers comme le lieutenant-colonel Sarrail, commandant militaire du Palais-Bourbon. Son vrai crime, comme le nôtre, était d'être foncièrement républicain et de vouloir donner à la France une armée républicaine. C'était plus qu'il n'en fallait pour sa condamnation.

Cependant, la plupart des faits révélés étaient entièrement inexacts ou dénaturés, et malgré la perfidie avec laquelle cette campagne était menée, elle ne paraissait pas très dangereuse. Nous savions par les indiscrétions du gendarme que les inspirateurs de cette campagne, — dont le principal était, nous l'avons dit déjà, un autre lui-même, — étaient en possession des fiches volées au cabinet en 1902, mais le vol de documents au Grand-Orient était complètement ignoré.

On pouvait admettre que quelques lettres eussent été interceptées à la poste, mais qui aurait pu supposer que dans l'entourage du gendarme se trouverait quelqu'un d'assez infâme pour dévoiler à la réaction le secret des relations qui existaient entre le Grand-Orient et le cabinet du Ministre ?

Et pourtant cette infamie fut commise...

En effet, le jour même où M. Guyot de Villeneuve produisait à la Chambre les documents volés au Grand-Orient (28 octobre), le *Figaro* commençait la publication des documents volés au Ministère il y a deux ans.

Le général André s'était rendu à la séance du 28 octobre avec quatre discours écrits, dont un sur les fiches.

Dans celui-ci il prenait hautement la responsabilité des renseignements qu'il demandait au Grand-Orient, quitte à les contrôler.

Quelques jours auparavant j'avais été chargé par le chef du Cabinet de demander à M. Lafferre, député, président du Conseil de l'ordre du Grand-Orient, de venir s'entendre avec le Ministre sur la façon dont ils riposteraient tous deux aux attaques qui seraient dirigées contre les renseignements provenant du Grand-Orient.

M. Lafferre avait trouvé le général André dans des dispositions si belliqueuses, tellement décidé à prendre une vigoureuse offensive, qu'il avait cru devoir calmer son ardeur.

En descendant de chez le Ministre il avait été reçu par le Chef du cabinet, avec lequel il s'était longuement entretenu aussi de la façon dont on répondrait à ces attaques.

Est-il possible d'admettre que ce soit uniquement la lecture inattendue des lettres volées au Grand-Orient, présentées dans un ordre savamment combiné et propre à impressionner fortement la Chambre, qui ait dicté au général André une attitude aussi lamentable que celle qu'il eut ?

Cela semble inadmissible.

En réalité, le coup était monté depuis longtemps, et dans les rangs des républicains la réaction avait su, d'avance, préparer des défections.

D'autre part, la chance inespérée, pour certains députés de la majorité, d'aboutir enfin à cette crise ministérielle qui leur permettrait peut-être de gagner un portefeuille; l'indignation feinte mais bruyante des adversaires du cabinet; un sentiment de surprise, d'étonnement, qu'une attitude énergique des Ministres aurait eu tôt dissipé chez la majorité, mais que l'affolement qu'ils témoignèrent changea en stupeur: tous ces motifs firent que le général André terrorisé ou paralysé, non seulement ne sut pas être à la hauteur de sa tâche, mais ne put même pas lire le discours qu'il avait dans sa serviette, et balbutia pitoyablement quelques phrases incohérentes, d'après lesquelles il

semblait ignorer que son cabinet reçût des
renseignements du Grand-Orient.

Etre incapable à ce point, dans de tels
moments, serait criminel s'il n'y avait en faveur du coupable quelques circonstances at-
ténuantes dont plusieurs nous échappent
peut-être.

Le Ministre était d'ailleurs malade ce jour-
là, et privé de forces physiques au point
qu'il n'avait lu son premier discours qu'avec
de grandes difficultés, et que lorsqu'il était
descendu de la tribune, des personnes qui
l'observaient l'avaient vu fléchir et presque
tomber.

Son énergie morale s'en ressentit beaucoup.

Coïncidence bizarre, quarante-huit heures
auparavant, M. Lafferre avait été subite-
ment atteint d'une fièvre muqueuse très
grave qui le mit dans l'impossibilité absolue

d'assister aux séances pendant plusieurs semaines.

S'il avait été là pour donner à la majorité
quelques mots d'explication, peut-être la
panique ridicule qui se produisit eût-elle été
évitée.

L'adoption à quatre voix de majorité d'un
ordre du jour dont les termes allaient par la
suite devenir terriblement dangereux, sauva
à grand'peine le Gouvernement d'un danger
que la faiblesse du Ministre de la Guerre
avait rendu terrible, et qui ne fut amoindri
que par l'énergie de Gérault-Richard et de
Jaurès.

J'attendais au cabinet avec mes camarades la fin de la séance.

Pendant que M. Guyot de Villeneuve était
à la tribune, M. Charmeil, sous-chef du cabinet civil, qui était à la Chambre, était venu
en courant m'avertir que le député nationa-
liste donnait lecture de telle et telle lettres

dont il me rappela quelques passages. Notamment pour une qu'il me cita, je me sou-
vins parfaitement l'avoir écrite et le lui dis.

Au retour du colonel Valabrègue qui avait
accompagné le Ministre nous apprîmes toute
l'étendue du désastre.

« Mollin, me dit-il, nous avons été démon-
« tés par le coup des lettres, je ne sais trop
« ce qui s'est passé, on a perdu la tête et
« le Ministre n'a même pas pu lire son dis-
« cours. »

Ainsi la trahison s'était introduite dans
les bureaux du Grand-Orient et, sur des centaines de lettres insignifiantes, on avait
écrémé les quinze ou vingt qui pouvaient
soulever les passions des partis?... Mais
était-ce une raison suffisante pour expliquer
l'affolement qui se produisit?... Il faudrait
pourtant tâcher de raisonner avec un peu de
logique: car enfin est-ce le contexte même

de mes lettres qui a créé la campagne des fiches ou bien est-ce le fait des renseignements demandés? la réponse ne peut être douteuse, c'est ce dernier motif.

Et alors on ne comprend plus, qu'étant parti à la séance avec un discours écrit affirmant le droit et la nécessité de se renseigner, ce même Ministre qui, huit jours auparavant, était trop belliqueux, ait pu donner à la France républicaine l'impression d'une défaillance aussi complète, et qu'il n'ait pas compris, lui qui cependant semblait avoir l'âme d'un vrai républicain, que le moment était venu d'agir dans l'intérêt de la République.

« Eh bien! oui, aurait-il dû dire, j'ai pensé
« qu'une démocratie ne pouvait pas coexis-
« ter avec une armée dont les officiers sont
« en grande majorité hostiles au développe-
« ment normal de cette démocratie, et j'ai
« voulu que les sentiments de la majorité de

« mes officiers fussent en harmonie avec les
« sentiments de la majorité du peuple fran-
« çais qui, librement et de plus en plus,
« évolue vers l'idée républicaine.

« J'ai pensé que non seulement cela était
« nécessaire mais indispensable, car si le
« même esprit, le même idéal n'animent pas
« l'une et l'autre, il se produira infailliblè-
« ment des chocs dans lesquels la Républi-
« que sera brisée.

« Pour inciter mes officiers à venir à la
« République j'ai cru que je devais tout
« d'abord rendre justice à ceux d'entre eux
« qui avaient souffert pour elle. J'ai voulu
« aussi que ceux qui n'hésitaient pas à se dé-
« clarer les ennemis de nos institutions ne
« fussent plus, comme par le passé, l'objet
« de toutes les faveurs.

« Pour connaître les uns et les autres, il
« fallait bien que je me renseigne.

« Et comme je tenais à ne prendre de
« décision, dans les cas graves, que si la

« multiplicité des renseignements consti-
« tuait une certitude, je me suis adressé à
« plusieurs sources d'informations, sachant
« bien que si je m'adressais à une seule
« elle ne tarderait pas à être corrompue.

« Tout républicain sincère estimera qu'en
« agissant ainsi je n'ai pas outrepassé les
« droits que doit avoir en tous temps un
« Ministre de la Guerre, mais si on veut bien
« se reporter par la pensée à cinq ans en
« arrière et se rappeler les circonstances
« dans lesquelles le pouvoir me fut confié,
« on sera obligé de reconnaître que, pour
« moi, ce droit était un devoir : dans l'ar-
« mée les officiers israélites étaient partout
« traqués et obligés de démissionner, les
« officiers républicains étaient pourchassés,
« mis en quarantaine, et les insulteurs du
« Gouvernement, presque uniquement, obte-
« naient de l'avancement; des secousses
« terribles avaient alarmé le pays, des
« heurts violents s'étaient produits entre
« l'armée et la démocratie; dans les hauts

« cadres, la révolte contre le Gouvernement
« était partout latente, nulle part le respect :
« la République était gravement menacée,
« j'en ai la certitude basée sur des faits, et
« seules les mesures que j'ai prises pou-
« vaient conjurer le péril. Aussi, non seule-
« ment je ne renie pas mon œuvre, mais je
« la revendique hautement.

« Je savais qu'en agissant ainsi je soulè-
« verais des haines terribles contre moi
« dans l'armée. Elles se sont en effet mani-
« festées plusieurs fois et jusqu'à présent,
« grâce à votre appui, je les ai contenues.

« Mais prenez garde ! malgré tous mes
« efforts je n'ai pu donner à la France une
« armée à son image : le temps m'en a man-
« qué ; beaucoup de chefs ne se montrent
« soumis que parce que je suis là. En
« m'abandonnant aujourd'hui, vous ne ferez
« qu'accroître le nombre et l'audace de vos
« ennemis. »

Il pouvait dire bien mieux car le discours

qu'il avait dans sa serviette lui rendait la
chose facile. Peut-être aurait-il été battu.

C'était dans tous les cas une fin qui ne
pouvait que le grandir par la suite.

Mais hélas il fut, de l'avis unanime de ceux
qui assistèrent à cette triste séance, pitoyable.

Je le répète, une incapacité aussi absolue
dans de telles circonstances devient criminelle, car l'anéantissement du coupable n'est
plus un sacrifice suffisant, et l'arrogance du
vainqueur exige alors aussi le sacrifice des
innocents.

Pourquoi, mon général, puisque vous
vous sentiez fatigué, n'avez-vous pas pris votre retraite à l'époque des vacances, ainsi
que vous en aviez l'intention? Que de mal-
heurs et d'injustices cette sage décision nous
eût évités !

XIV

Ma démission

Le lendemain vingt-neuf octobre je me
présentai au Ministre vers huit heures du
matin. Il était triste, ennuyé, mais nullement hostile. Il semblait obsédé par une
pensée dominante : « Je suis compromis,
nous sommes compromis », me dit-il. Et il
m'entretint d'une affaire particulière. Il faisait allusion à une lettre que j'avais écrite
et qui était relative à la nomination du colonel Bellanger au commandement du régiment des sapeurs-pompiers. C'était, à mon

avis, accorder une bien grande importance
à quelque chose qui n'en avait aucune; vi-
siblement, il cherchait un prétexte pour en
arriver à ses fins. Je le compris et je ne fus
nullement étonné quand il me dit qu'il fallait nous séparer et que je rentrerais à mon
régiment; je ne fis entendre aucune protestation et me soumis en soldat discipliné.

Pendant que j'étais chez le Ministre, le
colonel Valabrègue avait rassemblé tous les
officiers du cabinet pour leur dire :

« Messieurs, vous n'ignorez pas que Mol-
« lin n'a fait qu'exécuter le service dont il
« avait été chargé par ordre. A l'injustice
« qui le frappe, il serait profondément re-
« grettable que vînt s'ajouter une sorte
« d'abandon de notre part et notre devoir
« est de lui apporter le réconfort de toute
« notre affection et de tout notre appui. »

Il me reçut ensuite.

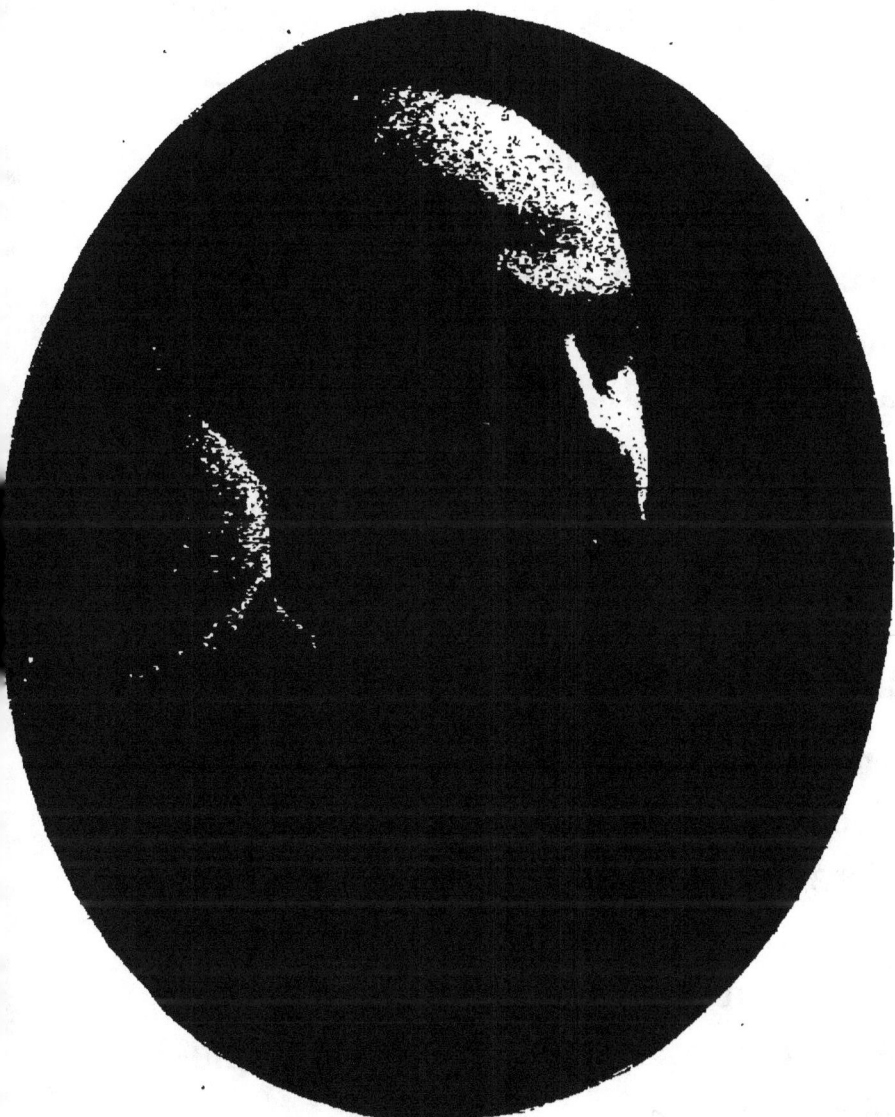

M. GÉRAULT-RICHARD

Député.

Phot. Nadar.

« C'est votre ami le commandant Coste
« que je désigne pour vous remplacer dans
« votre service, me dit-il, transmettez-le-lui
« sans vous presser, ces jours-ci. Tout
« s'arrangera. » Et me prenant les deux
mains : « Ayez confiance en nous, en moi
« surtout. Arrivé au cabinet depuis peu de
« temps je suis complètement indépendant
« et à même de vous défendre avec impar-
« tialité et justice. »

Ce mouvement était celui de l'être humain
qui n'obéit qu'à ses sentiments naturels. Ce
fut alors le mouvement de beaucoup, qui
depuis... Car, nos actes diffèrent, selon
qu'ils sont exécutés sous la pression de nos
intérêts ou sous la seule inspiration de notre conscience.

Le soir du même jour, vers quatre heures et demie, le colonel Valabrègue me fit
appeler de nouveau. M. Gros, chef du cabinet civil se trouvait avec lui.

« Mollin, me dit le colonel, j'ai une com-
« munication très triste à vous faire de la
« part du Ministre, je vous la fais parce
« que j'en ai reçu l'ordre, mais je ne cache
« pas que c'est une grande injustice : Le
« Ministre m'a chargé de vous dire qu'il fal-
« lait que vous donniez votre démission et
« que le Président du Conseil s'engageait à
« vous procurer une situation dans trois
« mois, à titre de compensation. »

M. Gros prit la parole pour appuyer :
« Dans le cas où le ministère serait ren-
« versé, M. Combes vous porterait sur son
« testament politique, et il n'y a pas d'exem-
« ple d'un Président du Conseil n'ayant pas
« respecté une promesse de cette nature
« faite par son prédécesseur. »

J'étais atterré, et pendant quelques instants je ne pus prononcer un seul mot, l'esprit troublé de mille pensées diverses.

Quand je fus capable de rassembler un peu mes idées, j'essayai de protester contre une telle iniquité.

Le colonel, reprenant la parole :

« Oui, insista-t-il, c'est une injustice.
« D'ailleurs, mettez que je ne vous ai rien
« dit. Que le Ministre vous fasse lui-même
« sa communication. Montez chez lui, il est
« dans son cabinet. »

Je montai chez le Ministre.

Depuis le matin une transformation complète s'était opérée chez lui. Que s'était-il donc passé et de quelles fatalités nouvelles fallait-il que je fusse derechef la victime expiatoire? J'ai su depuis que, dans l'intervalle, les Ministres s'étaient réunis en Conseil...

Le général André arpentait à grands pas et dans tous les sens la pièce. Il était fiévreux, agité, comme frappé de folie. S'approchant de moi il me dit sur un ton brusque:

« Mollin, il me faut votre démission ». Je lui
répondis: « Mon général, bien que mon dé-
« vouement à la cause républicaine et a
« votre personne soit absolu, je ne peux ce-
« pendant consentir à vous donner ma dé-
« mission parce que le sacrifice serait réel-
« lement trop grand et trop injuste. »

Il employa alors tantôt la persuasion et
tantôt la menace.

« Il y a des moments dans la vie où il faut
« savoir être à la hauteur des circonstances
« et ne pas hésiter à se sacrifier... Vous sau-
« verez tout le monde, allons, ayez un peu
« de courage, asseyez-vous là à mon bureau
« et écrivez votre demande de démission...
« Voyons, décidez-vous... Si vous ne me la
« donnez pas je serai forcé de vous faire
« comparaître devant un conseil d'enquête,
« et vous voyez-vous, vous, Mollin, obligé de

« quitter l'armée comme si vous aviez failli
« à l'honneur? »

« — Mais, mon général, je ne crains pas
« de comparaître devant un conseil d'en-
« quête, je n'ai fait qu'exécuter un service
« dont j'avais été chargé, je n'ai rien à me
« reprocher, et mes camarades ne pour-
« raient me condamner. »

« — Comment! vous refuseriez, je ne l'au-
« rais jamais cru... A votre place, je serais
« déjà assis là, à mon bureau, et je l'écri-
« rais... Allons, voyons, du courage!... »

« — Eh bien, mon général, donnez-moi au
« moins vingt-quatre heures pour aller con-
« sulter les miens. Partant ce soir, je pour-
« rai être de retour demain dans la nuit et,
« s'ils me le conseillent, je vous promets de
« venir vous apporter ma démission lundi
« matin. »

« — Non, c'est impossible, les vôtres ne
« connaissent pas la situation... Ils ne pour-

« raient vous donner aucun avis utile... Il
« me faut votre démission tout de suite, le
« Président du Conseil veut qu'elle paraisse
« dans les journaux de ce soir... Allons,
« ayez donc du courage. »

« — Laissez-moi au moins aller consulter
« ma femme. »

« — A quoi bon? non, il me faut votre dé-
« mission tout de suite... Vous sauverez
« tout le monde... Tenez je vous autorise à
« aller voir M. Brisson, il sort d'ici, allez
« vite et revenez... »

Je me rendis à la Présidence de la Chambre, mais en sortant du Ministère de la
Guerre, M. Brisson n'était pas rentré chez
lui. J'hésitai un instant. Mon instinct me
disait : ne reviens pas auprès de cet homme,
va-t'en auprès des tiens, refuse de te soumettre; je percevais mal la voix du devoir :
j'aurais eu besoin d'un guide, d'un ami à

mes côtés. La discipline l'emporta. Brisée, anéantie, la victime revint soumise à son bourreau...

« — Eh bien! que vous a dit M. Brisson? »

« — Mon général, il n'est pas rentré chez « lui, je n'ai pu le consulter. »

« — Allons, voyons, une dernière fois; « donnez-moi votre démission, il me la faut, « l'intérêt de tout le monde, celui de vos ca- « marades, le vôtre, le mien l'exigent... Je « la veux tout de suite pour qu'elle puisse « paraître dans les journaux de ce soir... »

Je n'eus pas le courage de résister plus longtemps à cet homme que j'avais défendu. Fou de douleur je m'assis à son bureau et j'écrivis ma demande de démission.

J'ai déjà eu plusieurs moments de profonds chagrins dans ma vie, mais jamais je n'ai souffert aussi âprement que pendant les quelques minutes où, dans les sanglots, je brisai ma carrière qui s'annonçait brillante et à laquelle je m'étais profondément attaché.

Les mille souvenirs de mes dix-huit années de services, les uns heureux, les autres tristes, se présentèrent à moi, et chacun d'eux en disparaissant semblait m'arracher quelque chose.

Pendant que j'écrivais, le Ministre se promenait à pas précipités dans le salon en prononçant des paroles incohérentes : il se comparait à un malade qui s'ampute d'un membre pour sauver le reste du corps... Le malheureux n'allait pas tarder à apprendre qu'il s'était gravement trompé.

La mauvaise action était consommée, ma démission était écrite et signée.

XV

Le Ministre brûle ses fiches.

Je me levai, et, lamentable, me dirigeai vers la porte. Mais lui, changeant tout à coup d'attitude, redevint froid et dur. Son trouble avait disparu.

— Attendez, me dit-il, ce n'est pas tout, il faut maintenant aller chercher les fiches pour les brûler.

C'était de la pure démence, car leur conservation, tout au moins momentanée, assurait sa justification.

Ceux qui avaient exigé cette destruction immédiate avaient dû tout prévoir, car ils enlevaient ainsi au Ministre le moyen de se

défendre. Je suis convaincu en effet, que si
le vendredi suivant, prenant au hasard les
nombreux renseignements de sources diverses que nous possédions sur chaque officier
supérieur, il en avait donné lecture à la
Chambre, l'impression eût été si différente
de celle que produisent les fiches présentées
isolément et d'ailleurs fréquemment truquées, que la majorité, si peu courageuse
qu'elle fût, au lieu de se laisser apeurer
par le mot « délation » se serait complètement ressaisie, et n'aurait vu là qu'une
œuvre de contrôle et de justice républicaine.

Il aurait eu aussi le moyen d'empêcher
l'inconscience de certains professeurs de
vertu qui, une fois les fiches détruites, n'ont
pas hésité à crier au scandale, bien que cependant ils eussent eux-mêmes fourni de
multiples renseignements. Il aurait pu en
montrer des centaines écrites de la main du
général Percin dont l'attitude, dans toute

cette affaire, a été si suspecte. Il en aurait
fourni — et de nombreuses! — émanant d'un
officier qui a fait déborder de son indignation, — une fois tranquillisé par la destruction des documents, — les colonnes de certains journaux. Il en aurait exhibé un grand
nombre dont l'origine était des informations
provenant de députés et de sénateurs et cela
les aurait peut-être ramenés à un peu plus
de modération et à une plus juste appréciation des faits.

Je sentis que dans l'état où il se trouvait,
il n'y avait rien à faire pour l'empêcher d'exécuter son néfaste projet. Mais, depuis quelques jours, les fiches n'étaient plus au ministère. J'avais reçu l'ordre de les transporter chez moi. Il fallait qu'on puisse affirmer
qu'il n'y avait plus de fiches rue Saint-Dominique.

A ce moment, la campagne de presse ne
faisait que commencer.

Un soir, vers dix heures, profitant de ce que l'officier de service était le lieutenant de vaisseau Violette, je lui confiai l'ordre que j'avais reçu et après avoir placé les fiches dans des valises administratives et avoir mis celles-ci dans une voiture, je les emportai chez moi ! Quelques jours après, m'étant aperçu que j'étais suivi et que des hommes à l'allure suspecte rôdaient dans ma rue, je les confiai à un ami, craignant qu'en mon logis elles ne fussent pas en sûreté. J'ai appris depuis, que pendant des semaines j'avais été suivi et surveillé par des individus à la solde de je ne sais qui.

Je répondis donc au Ministre : « Mon gé-« néral, elles ne sont plus ici, j'ai reçu l'or-« dre de les emporter et je les ai confiées à « un ami. »

Il entra dans une grande colère disant qu'il ne comprenait pas un ordre pareil.

« Allez les chercher de suite, me dit-il, et
« soyez de retour à six heures. »

Je partis. Dans la cour de l'hôtel je rencontrai ma femme. Poussée sans doute par
un pressentiment, elle venait me demander.
Je lui fis connaître que le Ministre m'avait
arraché ma démission et comme elle insistait
désespérément, faisant des efforts pour
m'entraîner avec elle chez le général, afin d'y
reprendre la lettre fatale, je me dégageai et
m'enfuis.

En franchissant la porte du Ministère,
m'étant retourné, je la vis qui entrait dans
l'hôtel avec l'intention évidente d'aller chez
le Ministre.

Elle y alla en effet, mais que pouvait-elle
contre la force qui venait de me broyer et
qui devait, plus tard, broyer le Ministre lui-
même ?

Le général André observa avec elle la

même attitude qu'avec moi. Il protesta pathétiquement de ses sentiments affectueux à mon égard, et se désola d'en être réduit à me sacrifier.

« Mais, objecta-t-il, il s'agissait de l'intérêt de la République...

La scène fut des plus poignantes..., ma femme ne pouvant admettre qu'il ne me couvrît pas de son autorité et qu'on m'abandonnât ainsi. Comme avec moi, alors, il se montra menaçant, et, pour l'attrister plus encore et l'effrayer, il parla de conseil d'enquête... et, sous cette menace, dont, dans son ignorance, elle s'exagérait la portée, elle se retira toute en pleurs...

Au cours de ma mission je rencontrai les sénateurs Desmons et Delpech. Je leur racontai ce qui venait de se passer. Indignés, ils voulurent m'accompagner.

Etant entrés tous les trois chez le Ministre,

M. Delpech prit la parole et lui reprocha ma démission en termes très vifs.

« Vous savez bien, appuyait-il, que le capitaine Mollin n'a fait qu'exécuter les ordres qu'il avait reçus... »

Et comme le Ministre voulait l'interrompre, le sénateur, se levant brusquement de sa chaise, s'avança, menaçant, vers le général André :

— « Monsieur le Ministre, lui jeta-t-il violemment, vous parlerez quand j'aurai fini. »

Et, longtemps, il montra combien injuste était la décision prise...

— « Dans trois mois, affirma le Ministre, le capitaine aura une compensation. J'ai la promesse formelle de M. Combes. » Mais, lui coupant la parole :

— « Et en attendant ?... protesta M. Delpech. Vous savez bien que le capitaine Mollin n'a pas de fortune ?... »

Interloqué le Ministre, après une hésitation, prononça :

— « En attendant, je l'aiderai, vous l'aiderez... »

— « Certes, confirma le sénateur... Je lui donnerais plutôt asile... »

M. Desmons était demeuré sans mot dire...

A un moment donné, la scène avait été si violente, que j'avais voulu sortir. Le Ministre m'avait fait signe de rester.

Et, devant de nouvelles affirmations du général André, qu'une réparation ne saurait tarder, les deux sénateurs se retirèrent sinon pleinement satisfaits, du moins un peu calmés.

Un contrôleur qui avait été mandé arriva et dressa un procès-verbal d'incinération des fiches.

C'était lamentable.

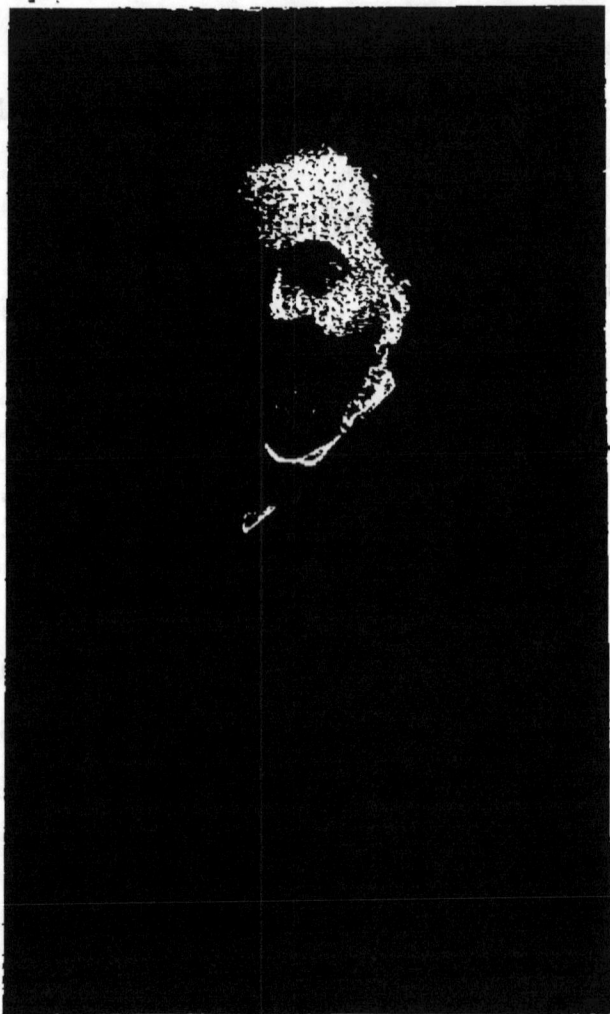

M. HENRI BRISSON

Président de la Chambre (1904).

Au cours de l'opération, le feu prit à la cheminée et les pompiers du poste voisin accoururent. L'incident fut relaté tout au long dans le procès-verbal.

Rien n'y manquait.

J'espère bien ne pas assister une seconde fois à une scène aussi pénible et aussi parfaitement grotesque. J'ai aperçu en ces quelques instants, la limite des folies que peuvent commettre des hommes qui ont peur.

En descendant de chez le Ministre, je m'arrêtai chez le colonel pour lui faire connaître que ma démission était signée. Il grommela: « C'est une infamie... » Je lui appris ensuite que les fiches étaient détruites. C'était une infamie et une folie...

Le lendemain, je ne fus pas peu surpris d'apprendre qu'une nouvelle hécatombe d'officiers républicains s'apprêtait. Je n'avais donc été que la première victime et d'autres allaient suivre. Les commandants Pasquier, Rat et Bouquero devaient être la deuxième charrette.

Ainsi que je l'ai déjà dit, le commandant Rat n'avait jamais fourni de fiches, mais son nom avait été lu à la tribune par M. Guyot de Villeneuve : l'accusation n'était-elle pas suffisante ? Appelés au ministère, ils subissaient de la part du lieutenant-colonel Bourdeaux et du commandant Anselin un interrogatoire préventif du conseil d'enquête. La tempête continuait et bientôt l'armée des jésuites prendrait sa revanche complète.

Ah ! les incapables, les insensés, qui n'avaient rien compris au plan de la réaction.

Et puis, vraiment, cette chose ignoble de faire comparaître ces trois officiers devant un conseil d'enquête pour avoir fourni des renseignements au Grand-Orient, alors que des quantités d'autres officiers qui en avaient remis directement au Ministre (Carthage et Corinthe) et au général Percin (fiches qu'il recueillait directement) ne seraient pas inquiétés !... La faute, si faute il y a, n'était donc pas la même ? Cette raison, à défaut d'autre, aurait dû être suffisante au Ministre pour se refuser impitoyablement à tout nouveau sacrifice. Heureusement que la voix, qui à la Chambre avait sonné le ralliement une première fois, se fit entendre de nouveau.

Dans cette bande en déroute, Jaurès ramena un peu de calme, et après quarante-huit heures d'une honteuse panique que l'attitude gravement coupable des chefs avait sinon provoquée tout au moins favorisée, on s'arrêta enfin. D'accusés qu'ils étaient, les trois commandants redevinrent des cama-

rades, et on daigna leur dire que cet interrogatoire n'avait pas d'autre but que de
renseigner le Ministre !

J'avais continué à transmettre mon service
au commandant Coste. La direction de l'infanterie dont j'étais chargé au cabinet est
de beaucoup la plus importante du ministère.

Pendant que je lui remettais les dossiers,
le commandant me répétait sans cesse :

« Mais sans renseignements que veux-tu
« que je fasse ici ? »

Il y avait, en effet, entre autres questions
à ce moment-là, plusieurs officiers à désigner pour l'Ecole de Saint-Cyr. Sans renseignements, on a sept chances sur dix de nom-
mer des réactionnaires. Et des républicains
se plaindront ensuite que les officiers ins-
tructeurs et professeurs des écoles militaires
sont des cléricaux !

XVI

Après ma démission. — Séance du 4 novembre. — Je proteste contre les paroles du Ministre et du Président du Conseil.

Je n'étais point au bout de mon calvaire : il commençait à peine.

Je me vis d'abord poser des questions comme celles-ci ou à peu près (Escobar n'eût pas trouvé mieux) :

« Nous recueillons des renseignements « de tout le monde, comment avez-vous été

« amené à faire davantage et à en deman-
« der au Grand-Orient ? »

J'eus l'intention de répondre :

« Tartufes, vous savez bien que c'est sur
« votre invitation. »

C'était la seule réponse à faire à ces re-
quins. Mais j'hésitais encore à admettre
qu'en agissant comme ils le faisaient, ils
n'eussent en vue que leur intérêt personnel
et je croyais encore un peu que seul, peut-
être, l'intérêt général les guidait.

*
* *

Ayant fait venir dans mon bureau, pour les
consulter, le commandant Coste et le lieutenant de vaisseau Violette, ils furent d'avis
que puisque je m'étais sacrifié, je devais
faire une réponse qui dégageât le plus possible le Ministre : car, ce qu'il fallait surtout
éviter maintenant, c'était son départ.

Leur opinion acheva de me persuader que j'avais eu tort de douter, et tous trois nous libellâmes une réponse d'après laquelle, à la suite du travail d'avancement de 1900-1901, dont l'élaboration avait fait ressortir la nécessité impérieuse d'être renseigné sur la correction politique des candidats, j'avais été autorisé par le chef de cabinet à demander des renseignements au Grand-Orient.

Ce mot *autorisé* et ma démission que j'avais *donnée!* seront suffisants pour me faire accabler par la suite sous les pires outrages : « Cet officier s'est fait justice » lirai-je dans l'*Officiel* à quelque temps de là.

*
* *

Le lendemain, des questions encore plus jésuitiques me furent posées au sujet de mes lettres. Je ne cachai pas mon sentiment au lieutenant-colonel Bourdeaux qui me les transmettait par ordre et je lui dis que je les considérais comme constituant un acte malhonnête.

Plus tard, on répandra le bruit que j'avais nié avoir écrit des lettres au Grand-Orient, ce qui sera une abominable calomnie, mais bien faite pour me retirer la sympathie de tous ceux qui ne connaissaient pas cette affaire.

Or, quiconque aura lu seulement ce que j'ai dit là-dessus sera, après quelques minutes de réflexion, obligé de reconnaître que cette assertion n'était pas seulement une calomnie mais qu'elle était aussi une stupidité.

Comment aurais-je nié avoir écrit au Grand-Orient alors que, au su du chef du cabinet, la correspondance avait lieu par lettre, et que lui-même avait écrit ainsi que les camarades qui m'avaient temporairement remplacé dans mon service.

Et pourquoi, pour quel motif, aurais-je
fait ce mensonge ?

C'est en vain que je cherche.

. . . .

. . . .

. . . .

La vérité, la voici : en répandant cette
calomnie, on donnait une explication à l'attitude incroyable du Ministre à la séance du
28 octobre. Oui! mais pour que cette calomnie pût rester, il n'aurait pas fallu préparer
pour cette séance un discours sur les renseignements du Grand-Orient. Et ce discours
que vous aviez emporté et que vous n'avez
pas même eu le courage de lire, vous ne pou-
vez pas le nier: car les soldats secrétaires qui
l'ont recopié ne sont pas morts, non plus que
M. Lafferre qui était venu quelques jours
auparavant au ministère, sur votre demande,
et vous avait trouvé trop belliqueux.

J'avais achevé de transmettre mon service au commandant Coste.

Triste, accablé, je m'étais retiré chez moi, désirant le repos, l'isolement, l'oubli !

Le compte rendu de la séance du 4 novembre vint me démontrer la grave erreur que j'avais commise en me sacrifiant; forts de ma démission, ces hommes qui me l'avaient arrachée, voudront établir sur cet acte tout leur système de défense.

Ils seront par suite conduits à m'écraser de plus en plus, mais comme le système manque de base, il croulera finalement sous eux, les entraînant dans sa ruine. Et mon sacrifice n'en sera rendu que plus amer par son inutilité.

Mon accablement et mon dégoût étaient tels que, écœuré, je n'avais même pas le courage de relever les paroles offensantes qui avaient été prononcées contre moi du haut de la tribune. Des amis m'ayant encouragé à protester j'écrivis au Ministre la lettre suivante :

Paris, le 6 novembre 1904.

Le capitaine Mollin ex-officier d'ordonnance du Ministre de la Guerre à Monsieur le Ministre de la Guerre.

« Permettez-moi tout d'abord de vous ex-
« primer la profonde indignation que m'a
« causée l'attentat dont vous avez été vic-
« time. Dans ce sentiment, et avec le sou-
« venir de la bienveillante affection que vous
« m'avez toujours témoignée, je me permets
« de venir vous donner quelques éclaircisse-
« ments.

« Je ne puis m'empêcher de vous faire
« part de la profonde tristesse que viennent
« de me causer vos paroles et celles de Mon-
« sieur le Président du Conseil à la séance
« de la Chambre du 4 novembre dernier.

« Si ma situation matérielle seule était en
« jeu, je me tairais, mais il s'agit de mon
« honneur que je ne puis laisser flétrir sans
« manquer à mes devoirs envers les miens
« et mes amis.

« Vous dites, Monsieur le Ministre : « *Le*
« *capitaine Mollin était autorisé à demander*
« *des renseignements et à en recevoir... Le*
« *capitaine Mollin n'a pas soumis ses lettres*
« *à ses chefs avant de les envoyer... Il m'a*
« *remis sa démission* ». (Page **2281**, col. 2.)
« La note qui vous a été fournie et la lettre
« du général Percin à M. Vadecard, prou-
« vent que je n'ai point agi d'après une sim-
« ple autorisation, mais après entente avec
« mon chef direct. D'ailleurs, pour rétablir
« la vérité, il suffit de rappeler la période
« d'instruction de M. Vadecard faite au mi-
« nistère (cabinet), et la croix mise par
« vous à la disposition du Président du
« Conseil, pour être donnée au secrétaire
« général du Grand-Orient, sur la demande

« de M. le sénateur Desmons vice-président
« du Sénat. Des écritures publiques confir-
« ment mes assertions.

« Lorsque le général chef de cabinet dé-
« sirait un renseignement sur un ou des offi-
« ciers, il me donnait leurs noms verbale-
« ment ou par écrit et me disait ou
« m'écrivait sur les listes qu'il me remettait:
« Renseignez-vous ». Etant chargé de ce ser-
« vice, je n'avais ni à montrer ni à faire
« contresigner mes lettres qui, dans mon
« esprit, devaient être détruites par leur des-
« tinataire.

(Il y avait ici un paragraphe
concernant un secret.)

« Je ne veux point, Monsieur le Ministre,
« insister sur vos propres paroles pendant
« la scène douloureuse du 29 octobre, pour
« vous rappeler que je n'ai point donné vo-
« lontairement ma démission, mais que vous
« me l'avez arrachée.

« Vous m'avez empêché de prévenir ma
« femme, vous m'avez refusé 24 heures pour
« me rendre à............ consulter mon beau-
« père.

« Les paroles de Monsieur le Président
« du Conseil m'ont été plus douloureuses
« encore :

« *Oui, j'ai ignoré jusqu'à la séance de la*
« *semaine dernière, les procédés mis en*
« *usage par un officier d'ordonnance du ca-*
« *binet du Ministre de la Guerre..............*
« *l'officier s'est fait justice.............. il a*
« *envoyé sa démission au Ministre de la*
« *Guerre.* »

« Je ne puis que *protester énergiquement*
« *contre ces paroles* qui m'attribuent un rôle
« que je n'ai pas joué.

« Les termes de mes lettres peuvent prêter
« à la critique, mais il ne faut pas oublier
« qu'elles étaient adressées à un agent de
« renseignements qui s'imposait gratuite-
« ment un travail considérable.

« Enfin, Monsieur le Ministre, permettez-
« moi de vous signaler un dernier fait auquel
« j'attache une importance exceptionnelle.

« Vous savez, d'après les révélations du
« *Figaro*, qu'à une certaine époque une dé-
« marche a été faite auprès de M. Waldeck-
« Rousseau au sujet des fiches de renseigne-
« ments. A une date toute voisine de celle-là,
« j'ai signalé à qui de droit, la disparition
« d'une trentaine de fiches. Si on avait tenu
« compte de mon avertissement, je ne serais
« pas aujourd'hui, la victime innocente d'un
« complot politique, moi qui, mon général,
« vous ai toujours servi avec un dévouement
« absolu, sans aucun souci de ma personne,
« avec la seule ambition d'exécuter les or-
« dres de mes chefs et d'être efficacement
« utile à mon pays.

« MOLLIN. »

Le lendemain, je reçus du médecin-major
Labit, de service au cabinet ce jour-là, une

note me disant que le Ministre désirait me voir et qu'il serait chez lui toute la journée.

Je m'y rendis vers dix heures du matin.

Il commença par me dire que ma lettre lui avait causé un très grand chagrin, car il avait fait tout ce qu'il avait pu pour me couvrir :

« C'est malgré mes collègues que j'ai pro-
« noncé la phrase par laquelle j'ai reconnu
« que vous étiez autorisé à demander et à
« recevoir des renseignements. Des députés
« du groupe de la Gauche démocratique
« avaient déclaré qu'ils ne voteraient pas
« pour le Gouvernement si on reconnaissait
« que le service était régulier. » Situation vraiment peu enviable que la mienne : il fallait à tout prix que je fusse un grand coupable.

Mais les dires du Ministre étaient-ils exacts ? Il serait très important de le savoir.

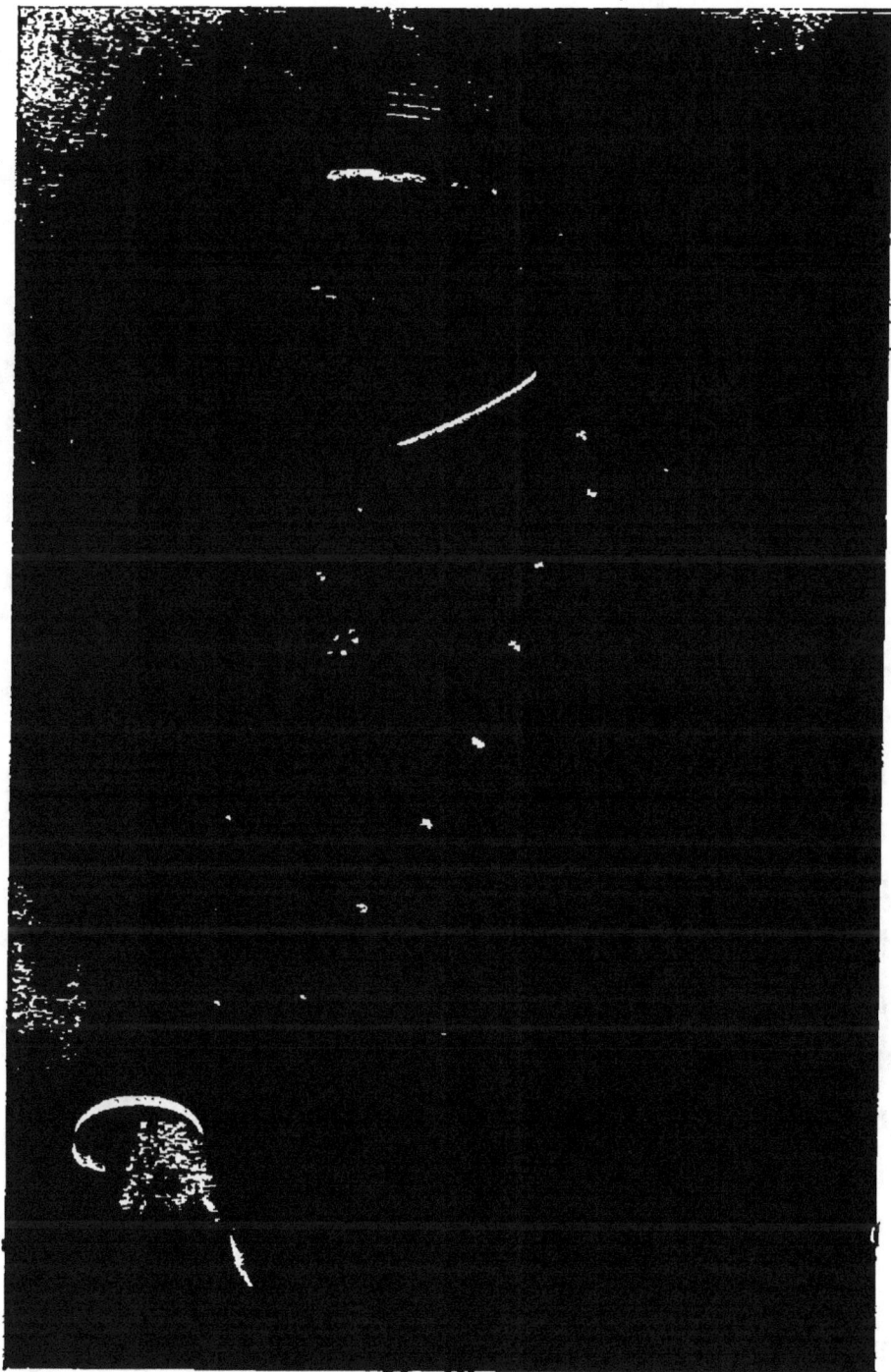

Phot. Gerschel.

Le Colonel VALABRÈGUE
Chef de Cabinet du Général André.

16*

Dans l'affirmative, ce serait donc en conseil des ministres ou de cabinet, ou tout au moins de concert entre le président du Conseil et le général André, que ma perte aurait été décidée. Et cette décision pourrait avoir été prise, soit que le général André eût fait connaître la vérité tout entière, soit qu'il l'eût dissimulée en tout ou en partie.

Si nous admettons que ma perte ait été décidée de propos délibéré par le Conseil ou par le président du Conseil, la vérité étant connue tout au moins en partie, la responsabilité du général André est un peu amoindrie, et celle du président du Conseil en est d'autant plus aggravée que son offense fut tout à fait gratuite : car il était inutile qu'il employât des termes déshonorants pour moi.

Ces diverses pensées me traversaient l'esprit, et l'entretien que j'eus avec le Ministre s'en ressentit fortement. Nous fûmes l'un et

16

l'autre violents, nos regards se croisèrent durs et menaçants.

Il me répéta que par mes lettres j'avais mis son honneur ministériel aux pieds de certaines personnalités : je lui reprochai de me sacrifier injustement et de me laisser insulter ensuite.

A la fin, il fut très fort :

« Votre lettre est une menace, me dit-il;
« il y en a un de qui elle ne m'eût pas sur-
« pris, mais de vous elle m'étonne. Car
« j'avais en vous la plus grande confiance. »

Le coup fut terrible.

Je ne pouvais que me révolter tout à fait ou me soumettre. La discipline fut encore une fois plus forte

Je me soumis :

« Gardez-moi votre confiance, brûlez ma
« lettre puisqu'elle vous cause tant de cha-
« grin, mais maintenant que le Gouverne-

« ment est sorti victorieux de la lutte, ren-
« dez-moi ma démission. Je ne demande
« qu'à rejoindre mon régiment où plusieurs
« officiers m'attendent et seront heureux de
« me recevoir. » Il me répondit : « On
« verra, rentrez chez vous et ne faites au-
« cune démarche. »

Je sortis. Quelques jours après, ayant été
secrètement averti que mon colonel avait
reçu du Ministre l'ordre de me considérer
comme étant en permission de trente jours,
je fus rassuré, convaincu que son intention
était bien de me rendre ma démission.

Chaque matin je consultais anxieusement
mon courrier, cherchant la lettre qui m'ap-
porterait la bonne nouvelle, ou la note de
service qui m'appellerait au ministère pour
la recevoir de vive voix. Chaque matin, hélas ! une déception nouvelle s'ajoutait aux
précédentes.

En attendant, j'observais la correction militaire la plus absolue, refusant de me laisser interviewer, et répondant invariablement qu'étant soldat, la discipline ne me permettait pas de parler.

Cependant, la situation politique s'était plutôt assombrie, et la campagne continuait avec acharnement. La deuxième conséquence de la reculade du 28 octobre et la première conséquence de l'acte mauvais qui l'avait suivie se produisit : le 15 novembre, le général André était obligé de se retirer. Triste fin que l'on ne peut que regretter amèrement, quand on pense que si cet homme avait fait son devoir le 28 octobre, il avait toutes les chances de succès. Et que, battu, il tombait bravement, face à l'ennemi.

XVII

Je demande à comparaître devant un conseil d'enquête.

La démission du général André, regrettable au point de vue républicain, devait, dans tous les cas, logiquement, obliger le Gouvernement à me rendre la mienne.

Pourquoi ne me l'a-t-il pas rendue ?

Craignait-il donc, par cet acte honnête, d'avouer trop clairement qu'il avait commis une injustice ? Ou bien, en se donnant vis-à-vis du public l'apparence d'ignorer encore la vérité et de croire toujours à ma culpabilité, voulait-il dissiper les bruits de pression exercée sur le général André pour le décider à donner sa démission et lui laisser ainsi l'avantage d'une décision personnelle et spontanée ?

Il est difficile de connaître la vérité.

Mais, quels que soient les calculs qui ont dicté cette conduite, ils ont été assurément inhumains et maladroits : inhumains, parce qu'ils brisaient inutilement l'avenir qu'un homme de trente-sept ans s'était préparé dans une carrière par plus de dix-huit ans de travail et de dévouement sans la moindre défaillance; maladroits, parce que loin de pâtir de son acte réparateur, le Gouvernement n'aurait pu qu'en retirer une certaine force; car, même en politique, on a de l'estime pour l'adversaire qui a le courage de reconnaître son erreur et de réparer son injustice.

Aussi, quelle ne fut pas ma stupéfaction quand, au lieu de recevoir enfin la bonne nouvelle, je lus dans les journaux du 18 no-

vembre les paroles prononcées du haut de la
tribune à mon sujet par le président du
Conseil.

Offensé et irrité au suprême degré, j'écrivis la lettre suivante que je portai au Cabinet du Ministre. Je la remis au capitaine Ri-
berpray de service, qui la transmit aussitôt
au colonel Valabrègue et revint me dire: « Le
« colonel a pris connaissance de votre let-
« tre, il la montre de suite au Ministre qui
« est dans son Cabinet. » Il était 4 h. 10
de l'après-midi.

Paris, le 18 novembre 1904.

*Le capitaine Mollin, ex-officier d'ordonnance
du Ministre de la Guerre à Monsieur le Ministre de la Guerre,*

« Dans la séance du 17 novembre 1904,
« Monsieur le Président du Conseil a pro-

« noncé à mon sujet la phrase suivante:
« *Parce qu'un officier d'ordonnance a in-*
« *venté, a imaginé un système de renseigne-*
« *ments détestable, faut-il en faire rejaillir*
« *la responsabilité·sur ceux qu'il a trompés*
« *involontairement ?* »

« Je ne saurais laisser passer ces paroles
« sans protester vivement contre le rôle
« qu'elles m'attribuent: je n'ai agi que par
« ordre de mes chefs.

« J'ai l'honneur de vous demander de vou-
« loir bien surseoir à toute décision au su-
« jet de ma démission qui m'a été arrachée
« dans un intérêt dit supérieur, et de me
« faire comparaître devant un conseil d'en-
« quête pour rétablir la vérité.

« J'ose espérer, Monsieur le Ministre, que
« vous voudrez bien donner à un officier le
« moyen de sauvegarder son honneur et lui
« éviter la dure nécessité de le faire lui-
« même.

« MOLLIN. »

Le même jour s'étaient produits les deux incidents ci-après: M. Lafferre, enfin rentré précipitamment de convalescence, s'étant rendu le matin à la première heure, auprès du Président du Conseil, pour lui faire remarquer et lui démontrer l'injustice odieuse des paroles qu'il avait par deux fois prononcées contre moi, M. Combes lui affirma avec un grand geste de surprise qu'il ignorait entièrement la vérité et manifesta plusieurs fois un grand étonnement des révélations qui lui étaient faites.

Dans la journée, M. Jaurès ayant fait la même remarque au Président du Conseil, celui-ci lui affirma également qu'il ne connaissait la vérité que depuis le matin, grâce aux révélations que lui avait faites M. Lafferre.

Aussitôt après avoir remis ma demande, je rentrai chez moi, et après avoir constitué un avocat pour me défendre devant le conseil d'enquête, je passai une partie de la nuit et la journée du lendemain à écrire un petit mémoire destiné à ma défense.

J'y travaillais encore à sept heures et demie du soir, quand le commandant R..., entra.

Il arrivait précipitamment du Ministère, où il avait appris à l'instant, qu'on préparait une lettre pour m'annoncer que ma démission était acceptée.

C'était la réponse à ma demande de comparution devant un conseil d'enquête.

Cette nouvelle épreuve fut plus terrible que les précédentes.

Après m'avoir brisé de la façon la plus injuste, non seulement ils n'avaient pas eu le moindre égard pour moi qui avais consenti à ce sacrifice dans leur intérêt que je confondais avec celui de la République, mais après m'avoir à plusieurs reprises inutilement insulté de la façon la plus odieuse, ils me retiraient maintenant le moyen de me justifier.

Je courus retrouver les miens.

Cette nouvelle les affligea profondément, mais ils s'efforcèrent cependant de me consoler et de me rendre quelque espoir.

Après les avoir quittés, je pensai que du moins, dans mon immense malheur, j'avais la satisfaction de leur sincère et reconfortante affection et que ce bien précieux, mes ennemis ne pourraient pas me le ravir.

Rentré chez moi vers minuit, je trouvai la lettre du Ministère. Elle avait été apportée par un cycliste à onze heures du soir et disait, en langage administratif, que ma démission avait été acceptée par décision du 15 novembre ?

TABLE DES MATIÈRES

Paris. — E. KAPP, imprimeur, 83, rue du Bac

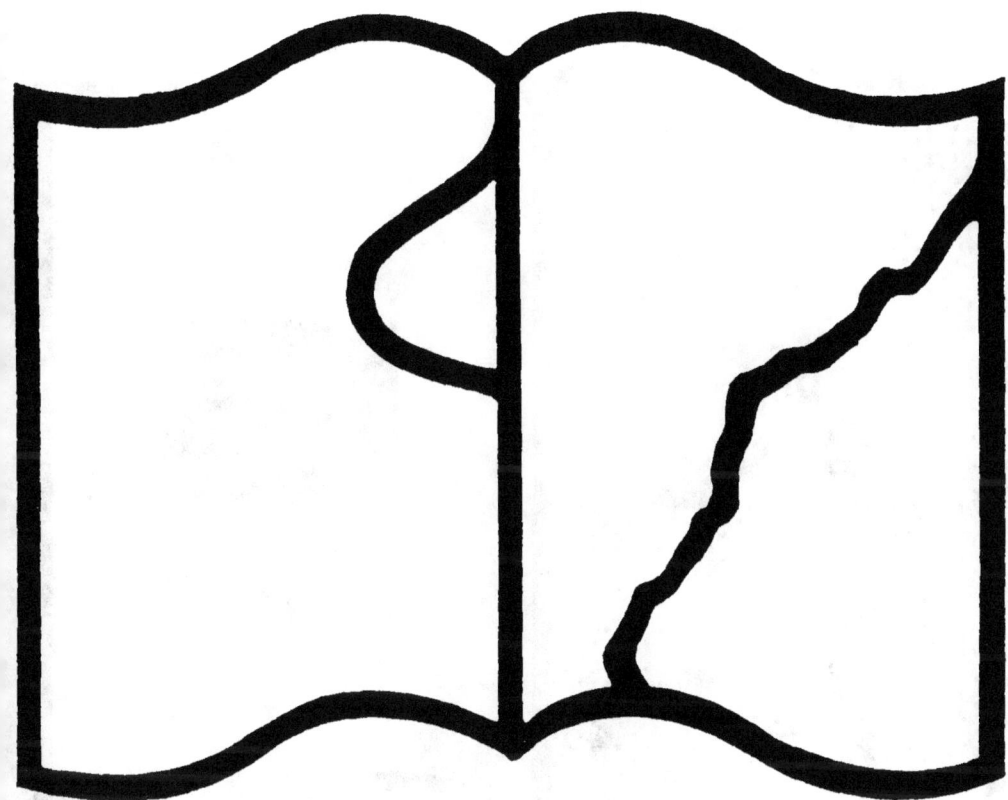

Texte détérioré — reliure défectueuse

NF Z 43-120-11

Contraste insuffisant

NF Z 43-120-14

www.ingramcontent.com/pod-product-compliance
Lightning Source LLC
Chambersburg PA
CBHW070748270326
41927CB00010B/2100